Sturm der Liebe

Das offizielle Kochbuch

Eine kulinarische Zeitreise durch die Erfolgstelenovela

NHOF

Inhalt

Liebe Leserinnen und Leser,

als wir unsere Serie *Sturm der Liebe* und ihr Herzstück, den «Fürstenhof», das romantische Hotel im bayrischen Voralpenland, entwickelt haben, wollten wir eine Welt erschaffen, in der jeder einmal zu Gast sein möchte. Ein feines Hotel sollte es sein, mit einer ganz besonderen Küche. Bei *Sturm der Liebe* gibt es Geschichten fürs Herz und in der «Fürstenhof» Küche Gerichte für die Seele. Sehr herzlich laden wir Sie nun ein zu einer kulinarischen Reise und freuen uns, wenn Sie uns in das fiktive Örtchen Bichlheim und die Welt des «Fürstenhofs» begleiten.

Seit über 17 Jahren werden wir immer wieder auf beliebte Rezepte angesprochen. Auch unsere Figuren André Konopka und Josie Klee haben unlängst gemeinsam ein Kochbuch veröffentlicht. Was liegt näher, als es den beiden gleichzutun? Von Anfang an spielten Küche und Kulinarik im «Fürstenhof» eine besondere Rolle, zuerst als Kulisse und Begegnungsort der Eigentümerfamilie Saalfeld und ihrer Belegschaft, allen voran den Sonnbichlers. Mit der Zeit haben aber die dort kreierten Gerichte eine immer größere Bedeutung bekommen.

Das altbekannte Sprichwort »Liebe geht durch den Magen« trifft bei *Sturm der Liebe* ganz besonders zu. Oft geben die Gerichte Einblick in die Gefühlswelt der Figuren und in ihre Charaktereigenschaften, Hoffnungen und Sehnsüchte: Wer sich mit Werner Saalfeld gut stellen möchte, sollte ein leckeres Dessert parat haben. Christoph Saalfeld will jederzeit einen klaren Kopf behalten und trinkt deswegen nie Alkohol. Shirin Ceylan kocht gerne scharf, weil sie es von zu Hause so kennt, und Gerry Richters Leibgericht Fischstäbchen ist genauso unkonventionell wie er.

Sturm der Liebe -Cast 2022

Manche Gerichte beschreiben auch eine Beziehung zueinander: Bevor Hildegards Schweinebraten nicht nur Fan-Liebling wurde und es sogar auf die Karte im «Fürstenhof» geschafft hat, war er zuallererst mal ein Lieblingsgericht von Alfons Sonnbichler. Für Hildegard, die ihrem liebsten Alfons gerne einen Gefallen tut und ihm einen Schweinebraten zubereitet, damit er glücklich strahlt, wird Kochen auch zu einer Liebesgeste.

Mit einem Gericht kann man viel bewirken. Man kann seine Liebe, sein Wohlwollen, seinen Respekt ausdrücken und den Wunsch: »Ich möchte Dir etwas Gutes tun.« Das möchten wir Ihnen, liebe Leserin, lieber Leser, nun auch.

Wir freuen uns sehr, unsere «Fürstenhof» Welt mit Ihnen kulinarisch teilen zu können, und wünschen Ihnen viel Spaß beim Ausprobieren, Schmecken und Genießen. Keine Sorge, Sie müssen kein Sternekoch sein, um die Rezepte nachzukochen – schließlich hatte die «Fürstenhof» Küche auch nicht sofort einen Stern! Auch Anfänger sind in unserer Genusswelt herzlich willkommen. Nur eins ist wichtig: Bereiten Sie es mit Liebe zu!

Ihre Bea Schmidt (Produzentin) und das *Sturm der Liebe*-Team

Sturm der Liebe – ein echtes Erfolgsrezept

Man nehme: ein Liebespaar, viel Romantik, die richtige Menge Leidenschaft, gewürzt mit ein bisschen Drama und einer guten Prise Humor. Garniert mit anderen, mal mehr, mal weniger liebenswerten Personen und einem wunderbaren Setting im bayrischen Voralpenland wird daraus das ganz besondere Geheimrezept für eine der erfolgreichsten Telenovelas Europas.

Im Mittelpunkt jeder Staffel steht das Traumpaar, das meist erst nach vielen Wendungen, Irrungen und Wirrungen zusammenfinden darf. Das gemeinsame »Jawort« im Kreis von Freunden und Familie bildet den abschließenden glanzvollen Höhepunkt, bedeutet für die Fans aber auch wehmütiges Abschiednehmen – allerdings mit der Gewissheit, dass dieses Paar den «Fürstenhof» zwar verlassen wird, dass aber in der nächsten Staffel garantiert ein neues kommt!

Bichlheim, ein fiktiver Ort zwischen Bad Tölz und München, bildet die Kulisse für die Handlung: idyllisch gelegen zwischen Bergen, Seen und grünen Wiesen, auf denen glückliche Kühe grasen dürfen. Nur ab und an kommt jemand an der einzigen, den Zuschauern so wohlvertrauten Bushaltestelle an und im Bräustüberl wird noch richtig zünftig bayrische Wirtshaustradition gepflegt. Alles in allem eine beschauliche Dorfatmosphäre, die in Kontrast zu der deutlich mondäneren Welt des «Fürstenhofs» steht. Der «Fürstenhof» selbst, das exklusive Fünf-Sterne-Hotel in bester Lage, ist eigentlicher Dreh- und Angelpunkt der Serie. Hier kreuzen sich nicht nur die

Wege unterschiedlichster Menschen, die häufig mehr als Erholung und ländliche Ruhe suchen. Ihr Schicksal steht meist in enger Beziehung zum Stammpersonal des Nobelhotels: Uneheliche Kinder, alte Liebschaften, tot oder verschollen geglaubte Freunde oder auch rachsüchtige Geschäftspartnerinnen und -partner führen immer wieder zu mächtigen Turbulenzen.

So muss sich nicht nur das zentrale Liebespaar in ***Sturm der Liebe*** behaupten. Auch die übrigen, den Zuschauern oft lang vertraute Personen am oder um den «Fürstenhof», wie die Eigentümerfamilie Saalfeld oder die langjährigen, treuen Angestellten Hildegard und Alfons Sonnbichler, werden immer wieder einmal in heftige Gefühlsstrudel gezogen. Dabei geht es manchmal um große Gefühle, oft nur um kleine Zwistigkeiten, aber auch um tief verborgene Sehnsüchte, Liebe, Rache oder einfach nur Macht und Geld.

Kriegen sich die beiden am Ende wirklich? Nicht nur diese Frage beschäftigt also jede Staffel brennend aufs Neue. Auch oder vielleicht gerade das Wissen um die langen Geschichten einzelner Personen oder Paare aus dem «Fürstenhof»-Kosmos, die Sympathie oder Abneigung, die wir für sie hegen, und das Erleben ihrer individuellen Entwicklung und sogar charakterlichen Wandlung von Staffel zu Staffel erhalten die Spannung aufrecht. Diese vielen kleinen Nebenhandlungen lassen das Publikum zum mitfühlenden Teil der «Fürstenhof»-Welt werden.

Kochen und Erinnern

Brüder mit Geschmack: Werner Saalfeld (Dirk Galuba, l.) und André Konopka (Joachim Lätsch, r.)

»Erinnerst Du Dich noch? Ach ja, genau, das war doch damals, als ...« Auch wenn es in unseren digitalen Zeiten etwas altmodisch klingen mag, aber es gibt wohl kaum etwas Schöneres, als in aller Ruhe durch ein Fotoalbum von früher zu blättern. Darin erkennen wir vertraute, geliebte (oder auch weniger geliebte) Menschen, Freunde und Familie als Teil unseres eigenen Lebens. Wir erinnern uns an sie und an die jeweilige Situation, in der das Bild entstanden ist. Und plötzlich fallen uns wieder Geschichten ein, die wir lange vergessen hatten.

Etwas Ähnliches wie beim Betrachten von Bildern passiert manchmal auch, wenn wir etwas Bestimmtes riechen oder essen: Plötzlich denken wir beim Geruch von Nelken an Weihnachten in Kindertagen oder der Biss in ein Stück Kuchen erinnert uns daran, wie uns Oma getröstet hat, als wir vom Apfelbaum fielen. Und heutige Gehirnforschung bestätigt: Das ist keine Einbildung, sondern eine tatsächliche Vernetzung von sinnlicher Wahrnehmung mit bestimmten Hirnbereichen, die für Gefühle und Erinnerung zuständig sind.

Darum ist dies ein in mehrfacher Hinsicht besonderes »Erinnerungskochbuch« für alle *Sturm der Liebe*-Fans. Zum einen gibt es jede Menge »Erinnerungsfotos«, die an die einzelnen Traumpaare oder an bestimmte Szenen aus den jeweiligen Staffeln erinnern. Zum anderen sind viele Gerichte versammelt, die ihre ganz eigenen Geschichten erzählen. Neben dem legendären Schweinebraten von Hildegard, von dem alle träumen, gibt es viele Lieblingsgerichte einzelner Protagonisten und natürlich auch den legendären «Süßen Kuss», mit dem in der ersten Staffel alles begann.

»Liebe geht durch den Magen«, behauptet nicht zu Unrecht ein altes Sprichwort, und so ist Kochen und Essen auch ein zentrales Thema am «Fürstenhof». Nicht nur Chefkoch André Konopka zaubert in der hoteleigenen Küche ständig neue, exquisite Gourmetkreationen. Auch in vielen anderen Situationen wird mit viel Gefühl gekocht und bestimmte Speisen wecken die unterschiedlichsten Gefühle: Es gibt unzählige romantische Love-Dinners – mal richtig edel, mal ganz schlicht in der Berghütte, mal als Picknick am See. Versöhnungsschnittchen, Trosteis und aus Wut oder Rache versalzene Eintöpfe – eine bunte Mischung an Rezepten und Storys rund um den Teller, die sicher jedem Fan Appetit auf mehr machen.

»Koch Dich in den Fürstenhof« lautet dann nämlich die Devise. Neben dem reinen Blättern und Erinnern soll dieses Buch möglichst viele Fans an den Herd locken. Darf's ein dreigängiges Menü aus der »Symphonie der Sinne« sein, exotisches und möglichst nicht versalzenes Akatogo oder einfach Gerrys Fischstäbchen? Keine Angst, alles ist so angelegt, dass es auch einfach zu Hause und ohne Ausbildung zum Sternekoch gelingt. Dafür dürfen aber auf jeden Fall einmal Freunde eingeladen werden. Gemeinsam lässt sich dann ein *Sturm der Liebe*-Dinner zelebrieren, bei dem über die Lieblingsserie geplaudert wird. Da gibt es für jeden ein Stückchen «Fürstenhof», ein Häppchen »Oh, weißt Du noch ... Ah, war das romantisch!« und für den Gastgeber garantiert ein »Hmm, schmeckt das toll!«. Und das Schönste: Alle werden sich noch lange an dieses gemeinsame Essen erinnern!

Bei ihnen geht die Liebe auch durch den Magen: Hildegard (Antje Hagen, l.) und Alfons (Sepp Schauer, r.) Sonnbichler

STAFFEL

1

Laura & Alexander

»Wenn es dir nicht gut geht, mein Kind, dann stell dich in die Küche und mach was Süßes, das hilft.« – diesem Rat ihrer Großmutter folgt Laura, als sich Traummann Alexander nach erstem Liebesglück zunächst wieder seiner Verlobten Katharina zuwendet. Als kleine Seelentröster formt sie nach Omas altem Geheimrezept »Süße Küsse«: Die unwiderstehlich schmelzenden Pralinen mit Schokolade und ein wenig Kaffee sind zartbitter und doch unendlich süß – genau wie ihre Liebe zu Alexander.

Durch sie erinnert Laura sich auch an ihre Leidenschaft, die Confiserie, die sie letztlich auch an den Fürstenhof brachte. Sie gewinnt nicht nur ihr Selbstvertrauen zurück, sondern kurz darauf auch einen Kochwettbewerb im Hotel. Anstelle des geplanten, abschließenden Desserts, das unglücklicherweise zu Boden geht, verzaubern eben jene »Süßen Küsse« die Jury. Das darauffolgende Traumangebot, Dessertköchin zu werden, schlägt Laura allerdings zunächst schweren Herzens aus. Und auch bis zum Happy-End-Kuss mit Alexander ist es noch ein langer Weg …

Charlotte und Werner Saalfeld blicken dagegen schon auf 34 gemeinsame Ehejahre zurück. Eine Zeit mit einigen Irrungen und Wirrungen, die auch Laura und Alexander schicksalhaft betreffen: Laura entpuppt sich als uneheliche Tochter von Werner und Alexander als außerehelicher Sohn von Charlotte. Davon ahnen beide zunächst ebenso wenig wie Alexanders Bruder Robert. Der ist nicht nur das einzige gemeinsame Kind der Saalfelds, sondern auch Chefkoch des Fürstenhof-Restaurants. Zum Jubeltag soll er das Hochzeitsmenü kochen, das einst sein Vorvorgänger servierte: eine traditionelle Hochzeitssuppe mit Grießnocken, Mark- und Leberklößchen, Rinderbraten mit Meerrettichsauce, Klößen und Prinzessböhnchen.

Das erscheint dem ambitionierten Sternekoch zunächst zu banal und er weigert sich, ein derartig altmodisches Menü zuzubereiten. Am Ende setzt sich Mutter Charlotte charmant durch, das Festessen ist gerettet. Und sicher hat auch Robert als liebender Sohn eingesehen: Ein ehrliches, mit Liebe gekochtes Gericht kommt nie aus der Mode.

Süßer Kuss

Für ca. 20 Stück
Zubereitung: 30 Min.
Kühlen: 1 Std. 30 Min.

ZUTATEN:

100 g	weiche Butter
	Salz
80 g	Zucker
1 Pck.	Vanillezucker
125 g	zarte Haferflocken
2 EL	Kakaopulver
3 EL	kalter Kaffee
3 EL	Amaretto (ital. Mandellikör, nach Belieben; ersatzweise 2 Tropfen Bittermandelaroma)
50 g	Kokosraspel
ca. 20	gehäutete Mandeln

1. Die Butter in Stücke schneiden und mit den Rührbesen des Handrührgeräts cremig-weiß rühren, dabei nach und nach 1 Prise Salz, Zucker und Vanillezucker zugeben. So lange rühren, bis eine cremige, helle Masse entstanden ist. Haferflocken, Kakaopulver, Kaffee und Amaretto nach Belieben zugeben und alles auf kleinster Stufe mit dem Handrührgerät vermengen. Die fertige Masse zudecken und für ca. 30 Min. in den Kühlschrank stellen.

2. Die Kokosraspeln in einen tiefen Teller geben. Von der Masse jeweils einen guten Teelöffel abnehmen und mit den Händen zu einer walnussgroßen Kugel rollen, dabei jeweils eine Mandel in der Mitte einarbeiten. Die Kugeln anschließend in den Kokosraspeln wälzen und diese leicht andrücken. In eine verschließbare Plastikbox legen und ca. 1 Std. im Kühlschrank fest werden lassen. Zum Aufbewahren ebenfalls im Kühlschrank lagern, luftdicht verpackt halten sich die süßen Küsse 1-2 Wochen.

Kräftige Rindfleischbrühe

Für ca. 2 l Brühe
Zubereitung: 20 Min.
Garen: 4 Std.

ZUTATEN:

2	Zwiebeln
3 EL	Sonnenblumenöl zum Braten
500 g	Beinscheiben
3	große Rindermarkknochen
1,2 kg	Tafelspitz
2	Möhren
200 g	Knollensellerie
½	Stange Lauch
1	Knoblauchzehe
6	Zweige Thymian
1	Lorbeerblatt
1 TL	schwarze Pfefferkörner
6	Stängel Petersilie
	Salz
	frisch geriebene Muskatnuss

1. Die Zwiebeln samt Schale quer halbieren. 1 EL Öl in einem Suppentopf erhitzen und die Zwiebeln mit der Schnittfläche nach unten darin anbraten, bis sie dunkelbraun sind. Dann herausnehmen und zur Seite legen. 3 l Wasser in den Topf gießen. Die Beinscheiben und Markknochen unter fließendem kalten Wasser abwaschen und ebenfalls in den Topf geben. Alles langsam zum Kochen bringen.

2. Inzwischen den Tafelspitz leicht salzen und pfeffern. Die noch übrigen 2 EL Öl in einer beschichteten Pfanne erhitzen, den Tafelspitz darin ringsum 3–4 Min. anbraten, herausnehmen und ins kochende Wasser zu den anderen Zutaten geben. Alles 3–5 Min. köcheln lassen – währenddessen den aufsteigenden Schaum mit einem Löffel abschöpfen, damit die Brühe nicht trüb wird. Anschließend die Hitze etwas reduzieren und alles ca. 1 Std. 30 Min. zugedeckt leicht köcheln lassen.

3. Inzwischen die Möhren und den Sellerie schälen und in grobe Stücke schneiden. Den Lauch halbieren, gründlich waschen und ebenfalls in grobe Stücke schneiden. Den Knoblauch schälen und halbieren, den Thymian waschen. Alles mit den angerösteten Zwiebeln, Lorbeerblatt und Pfefferkörnern in den Topf geben und 2 Std. 30 Min. kochen lassen, bis der Tafelspitz zart gegart ist. Dabei nach ca. 2 Std. die Petersilie waschen und zugeben. Kurz vor Ende der Garzeit die Brühe leicht salzen.

4. Zuerst den Tafelspitz, dann Knochen und Gemüse aus der Brühe heben. Die Brühe durch ein feines Sieb gießen und auffangen – wer sie noch klarer möchte, legt vorher ein sauberes (Mull-)Tuch in das Sieb. Die Brühe mit Salz, Pfeffer und Muskatnuss würzen.

Bayrische Hochzeitssuppe

1. Für die Leberknödel die Zwiebel schälen und würfeln. Die Petersilie waschen und trocken schütteln, die Blätter abzupfen und fein hacken. Die Butter schmelzen, die Zwiebel darin goldgelb dünsten. Petersilie und Majoran unterrühren und abkühlen lassen.

2. Die Leber durch den Fleischwolf drehen und mit Zwiebelmasse, Ei und Semmelbrösel mischen, salzen und pfeffern. Die Masse zugedeckt ca. 15 Min. quellen lassen, dann mit feuchten Händen zu 16 Knödeln formen. Diese in kochendes Salzwasser geben und, sobald sie nach oben steigen, ca. 20 Min. bei kleiner Hitze ziehen lassen. Mit einem Schaumlöffel herausheben und abtropfen lassen.

3. Für die Markklößchen das Mark mit einem Messer vorsichtig aus dem Knochen lösen und für ca. 30 Min. in kaltes Wasser legen, dabei das Wasser öfter wechseln. Dann das Mark mit einer Gabel fein zerdrücken und in einem Pfännchen bei kleiner Hitze flüssig werden lassen. Durch ein feines Sieb gießen und abkühlen lassen.

4. Dann das Mark mit den Rührbesen des Handrührgeräts 3–4 Min. aufschlagen. Erst das Ei, dann die Semmelbrösel unterrühren, mit Salz, Pfeffer und Muskatnuss würzen. Die Masse zugedeckt ca. 20 Min. quellen lassen, dann mit angefeuchteten Händen zu 20 Klößchen formen. Zugedeckt ca. 30 Min. kühl stellen, dann in leicht siedendem Salzwasser 15–20 Min. gar ziehen lassen. Herausheben und abtropfen lassen.

5. Für die Grießklößchen die Butter klein schneiden und mit den Rührbesen des Handrührgeräts cremig rühren. Zuerst das Ei, dann den Grieß unter Rühren zugeben. Mit 2 guten Prisen Salz und Muskatnuss würzen, dann zugedeckt ca. 30 Min. quellen lassen. Mithilfe von zwei Teelöffeln ca. 20 kleine Nocken von der Masse abstechen und in leicht siedendes Salzwasser geben. Sobald alle Nocken oben schwimmen, bei kleiner Hitze weitere 20–25 Min. ziehen lassen. Herausheben und abtropfen lassen.

6. Vor dem Servieren die Brühe aufkochen, die Einlagen hineingeben und bei kleiner bis mittlerer Hitze heiß werden lassen. Die Suppe auf Teller verteilen und mit Schnittlauch bestreuen.

Für 4 Personen
Zubereitung: 2 Std. 30 Min.

ZUTATEN:

Für die Mini-Leberknödel:

1 Zwiebel
4 Stängel Petersilie
3 EL weiche Butter
3 Msp. getrockneter Majoran
250 g Rinderleber
1 Ei (Größe M)
100 g Semmelbrösel
Salz | Pfeffer

Für die Markklößchen:

350 g Markknochen (50 g Mark)
1 Ei (Größe M)
50 g Semmelbrösel
Salz | Pfeffer
frisch geriebene Muskatnuss

Für die Grießklößchen:

50 g weiche Butter
1 Ei (Größe L)
100 g Hartweizengrieß
Salz
frisch geriebene Muskatnuss

Außerdem:

Fleischwolf
1½ l Brühe (s. S. 15)
TK-Schnittlauchröllchen (nach Belieben)

Mit ihnen fing alles an: Laura Mahler (Henriette Richter-Röhl, l.) und Alexander Saalfeld (Gregory B. Waldis, r.)

Zum Hochzeitstag von Werner (Dirk Galuba, l.) und Charlotte (Mona Seefried, r.) Saalfeld kredenzt ihr jüngster Sohn Robert (Lorenzo Patané, M.) das Hochzeitsmenü.

Beste Freundinnen:
Laura Mahler (Henriette Richter-Röhl, r.) und Tanja Liebertz (Judith Hildebrandt, l.)

Robert (Lorenzo Patané, l.), Laura (Henriette Richter-Röhl, M.) und Werner (Dirk Galuba, r.)

Hildegard (Antje Hagen, r.) und Alfons (Sepp Schauer, l.) Sonnbichler

Tafelspitz

mit Meerrettichsauce und Klößen

1. Das Toastbrot knapp 1 cm groß würfeln. 20 g Butter schmelzen, die Brotwürfel darin goldbraun rösten und auf Küchenpapier abkühlen lassen. Kartoffeln schälen und in eine Schüssel mit 1,2 l kaltem Wasser fein reiben. (Zügig arbeiten, damit sie nicht braun werden.) Anschließend in ein feines Sieb gießen, dabei das Wasser in einer Schüssel auffangen und beiseitestellen. Die geriebenen Kartoffeln mittig auf ein sauberes Geschirrtuch geben. Das Tuch zu einem Beutel drehen und die Kartoffeln darin kräftig ausdrücken.

2. Die übrigen 30 g Butter mit der Milch unter Rühren zum Kochen bringen. Mit ¾ TL Salz und Muskatnuss würzen. Den Grieß unter Rühren einrieseln lassen und bei mittlerer Hitze in 1–2 Min. zu einem dicken Brei einkochen. Die Kartoffelraspel unter die heiße Masse rühren. Kartoffelwasser vorsichtig abgießen und die Stärke, die sich am Schüsselboden abgesetzt hat, zur Kartoffel-Grieß-Masse geben. Alles von Hand zu einem Teig kneten, mit Salz abschmecken. Sollte die Masse noch nicht ausreichend binden, zusätzlich noch 1–3 TL Stärke unterarbeiten.

3. In einem Topf reichlich Salzwasser aufkochen. Inzwischen aus dem Teig 16 Knödel formen: Dazu etwas Teig flach drücken, 2-3 Toastbrotwürfelchen daraufgeben und den Teig darum rund formen. Die Klöße ins Wasser geben und in ca. 20 Min. bei kleiner bis mittlerer Hitze im leicht köchelnden Wasser gar ziehen lassen – sie sind fertig, wenn sie an die Wasseroberfläche steigen. Dann mit dem Schaumlöffel herausnehmen.

4. Den Tafelspitz in der Brühe erhitzen. Inzwischen die Schalotten schälen und fein würfeln. Die Butter in einem Topf schmelzen lassen und die Schalotten bei kleiner Hitze goldgelb andünsten. Das Mehl darüberstäuben und kurz anschwitzen, ohne es zu bräunen. Mit warmer Brühe ablöschen, aufkochen und ca. 5 Min. bei mittlerer Hitze köcheln lassen. Sahne und Meerrettich unterrühren und weitere 3–5 Min. köcheln. Inzwischen den Tafelspitz aus der Brühe nehmen und in dünne Scheiben schneiden. Die Sauce mit dem Pürierstab schaumig mixen, mit Salz und Pfeffer abschmecken und zu Tafelspitz und Klößen servieren.

Für 4 Personen
Zubereitung: 1 Std. 10 Min.
Garen: 20 Min.

ZUTATEN:

Für die Klöße:

2	Scheiben Toastbrot
50 g	Butter
200 ml	Milch
	Salz
	frisch geriebene Muskatnuss
100 g	Hartweizengrieß
1 kg	mehligkochende Kartoffeln
	Kartoffelstärke (nach Bedarf)

Für Tafelspitz und Sauce:

1	gegarter Tafelspitz (s. S. 15)
400 ml	warme Rinderbrühe (s. S. 15)
2	Schalotten
1 EL	Butter
1 EL	Weizenmehl
100 g	Sahne
20 g	frisch geriebener Meerrettich (ersatzweise 2 EL Meerrettich aus dem Glas)
	Salz | Pfeffer

STAFFEL

2

Miriam & Robert

Dass Hoteldirektor Werner Saalfeld keiner schönen Frau widerstehen kann, ist kein Geheimnis; so weiß man allein von sieben Kindern aus unterschiedlichsten Beziehungen. Doch nicht nur bei Frauen wird er schwach: Süßes, und insbesondere Schokolade, ist seine zweite große Leidenschaft – einer zarten Mousse au Chocolat oder anderen verführerisch cremigen Süßspeisen kann er einfach nicht widerstehen! Diese Vorliebe wird ihm immer mal wieder zum Verhängnis, wenn er sich das eine oder andere Mal mit einem verführerischen Dessert bestechen lässt.

Während Werner bei den Damen ein leichtes Spiel hat, tut sich sein Sohn Robert mit Gefühlen eher schwer. Bereits in seiner Jugend flüchtet er an den Herd und konzentriert sich verbissen ganz auf seine Karriere als Sternekoch – bis ihm eines Tages plötzlich seine Traumfrau Miriam über den Weg läuft. Obwohl beiden sehr schnell klar ist, dass sie füreinander bestimmt sind, schafft es Miriams intrigante Stiefmutter Barbara doch, die bald geplante Hochzeit zum Platzen zu bringen.

Miriam heiratet stattdessen Felix, kann aber trotzdem nicht von Robert lassen. Bei einem Streit schlägt Felix Robert, der daraufhin Geruchs- und Geschmackssinn verliert – eine echte Katastrophe für den Sternekoch! In dieser verzweifelten Situation wird Miriam erneut zum leuchtenden Licht in Roberts Leben. Dank ihrer geschulten Nase kann sie als Parfümeurin seine Gerichte nicht nur perfekt abschmecken, sondern zusätzlich aromatisch passende Akzente setzen. Gemeinsam entwickeln sie so die »Symphonie der Sinne«, ein Menü, dessen Gänge auf bestimmte Parfüms von Miriam abgestimmt sind.

Sie schaffen damit nicht nur ein sinnlich überwältigendes, perfektes Vier-Gänge-Menü, sondern merken erneut, wie viel Gleichklang und Harmonie zwischen ihnen herrscht. Ganz zart regt sich erneut die Liebe und beflügelt Miriam zu einer neuen Kreation: Tender Love, ein Parfüm, mit dessen Hilfe Robert später sogar plötzlich seinen Geruchssinn wiederfindet. Auch die beiden finden sich schließlich wieder und besiegeln zumindest symbolisch ihren Bund fürs Leben.

Werners Mousse au Chocolat

4 Personen
Zubereitung: 30 Min.
Kühlen: 3 Std.

ZUTATEN:

150 g	Zartbitterschokolade (mind. 50 % Kakaogehalt)
25 g	Butter
250 g	Sahne
2	frische Eier (Größe M)
	Salz
2 EL	Zucker
2 EL	Cognac (oder Kaffee nach Belieben)
	Schokoraspel (nach Belieben)

1. Die Schokolade grob hacken und mit der Butter in einer Metallschüssel über dem heißen Wasserbad langsam schmelzen lassen, gelegentlich durchrühren. Vom Herd nehmen und etwas abkühlen lassen.

2. Die Sahne mit den Rührbesen des Handrührgeräts steif schlagen. Die Eier trennen, die Eiweiße mit 1 Prise Salz steif schlagen. Die Eigelbe mit dem Zucker und Cognac nach Belieben ebenfalls mit den Rührbesen des Handrührgeräts zu einer weißlichen, festen Creme aufschlagen.

3. Mit dem Schneebesen zuerst etwas lauwarme Schokolade, dann etwas Eischnee und etwas Sahne unter die Eiermasse rühren. Nach und nach die übrige Schokolade unter die Masse rühren. Übrige Sahne und Eischnee behutsam, aber gründlich unterheben. Dann die Masse in Gläser füllen und vollständig abkühlen lassen, mit Frischhaltefolie abdecken und ca. 3 Std. im Kühlschrank durchkühlen lassen. Die Mousse vor dem Servieren nach Belieben mit etwas geraspelter Schokolade verzieren.

Fruchtiger Garnelensalat

mit Mangodressing

1. Die Garnelen aus der Verpackung nehmen und in ca. 5 Std. (besser über Nacht zugedeckt im Kühlschrank) auftauen lassen.

2. Die Mango schälen und das Fruchtfleisch vom Kern schneiden. Das Mangofleisch mit Honig, Essig und Sambal Oelek fein pürieren, dann 2 EL Olivenöl und 1–2 TL Limettensaft untermixen.

3. Die Ananas vierteln, putzen und das Fruchtfleisch von der Schale schneiden. Eine Grill- oder Gusseisenpfanne erhitzen und die Ananasviertel ringsum anbraten, bis sie leicht bräunen. Dabei häufiger wenden, damit sie nicht anbrennen. Dann herausnehmen, etwas abkühlen lassen und quer in Scheibchen schneiden.

4. Den Staudensellerie waschen und putzen, das Grün beiseitelegen. Die Stangen quer in dünne Scheiben schneiden, das Grün grob in Stücke schneiden. Die Erdbeeren waschen, trocken tupfen und putzen, dann längs in 3–4 mm dicke Scheiben schneiden. Den Radicchio in einzelne Blätter teilen, waschen und trocken schleudern, die Blätter in mundgerechte Stücke schneiden. Den Rucola waschen, trocken schütteln, grobe Stiele entfernen und die Blätter evtl. kleiner zupfen. Alles mit den Ananasstücken auf Tellern anrichten.

5. Den Knoblauch schälen und fein würfeln. Den Chili putzen und halbieren, von Kernen und Trennwänden befreien und die Schotenhälften fein hacken. Die Garnelen in einem Sieb kalt abbrausen und gründlich trocken tupfen. Die übrigen 6 EL Öl in einer beschichteten Pfanne erhitzen und die Garnelen bei großer Hitze 4–5 Min. anbraten, bis sie rosa und leicht gebräunt sind. Dabei nach ca. 2 Min. Knoblauch und Chili unterrühren. Am Ende mit Orangensaft ablöschen. Die Garnelen gut darin schwenken, dann mit dem Sud auf die Salatteller verteilen. Das Dressing darüber verteilen und sofort servieren.

Für 4 Personen
Auftauen: 5 Std.
Zubereitung: 40 Min.

ZUTATEN:

400 g	gegarte TK-Garnelen (küchenfertig)
1	reife Mango (ca. 300 g)
1 EL	flüssiger Honig
1 EL	Weißweinessig
1 TL	Sambal Oelek
8 EL	Olivenöl
2 TL	Limettensaft
1	Baby-Ananas
2	Stangen Staudensellerie
100 g	Erdbeeren
120 g	Radicchio
1	Bund Rucola
2	Stangen Staudensellerie
1	Bund Rucola
1	Knoblauchzehe
1	rote Chilischote
	Saft von ½ Orange

Schwertfisch
in Kräuter-Weißwein-Sauce

Für 4 Personen
Zubereitung: 30 Min.

ZUTATEN:

125 g	Butter
1½ EL	Kapern
1	Bund Frühlingskräuter (z. B. Petersilie, Kerbel, Estragon, Schnittlauch, Sauerampfer, Bärlauch)
1	kleiner Zweig Rosmarin
4	Scheiben Schwertfisch (à ca. 200 g)
	Salz | Pfeffer
2 EL	Olivenöl
125 ml	Weißwein
125 ml	Fischfond (aus dem Glas)
4 EL	frisch gepresster Zitronensaft

1. 20 g Butter beiseitestellen, den Rest in kleine Würfel schneiden, auf einen Teller geben und für 15 Min. ins Frostfach des Kühlschranks stellen. Inzwischen den Backofen auf 150° vorheizen. Die Kapern grob hacken. Die Kräuter waschen, trocken schütteln, die Blättchen abzupfen und fein hacken. Den Rosmarin waschen, die Nadeln abzupfen und grob hacken. Den Fisch kalt waschen, trocken tupfen und salzen und pfeffern.

2. Das Öl in einer beschichteten Pfanne erhitzen und den Schwertfisch bei mittlerer bis großer Hitze von beiden Seiten jeweils 2–3 Min. bräunen, nach dem Wenden die beiseitegestellte Butter und den Rosmarin zugeben. Den Fisch ein- bis zweimal mit der Rosmarinbutter beträufeln, aus der Pfanne nehmen und auf Alufolie legen. Die Rosmarinbutter darübergießen, die Folie über dem Fisch verschließen und im Ofen warm halten.

3. Weißwein und Fond in die Pfanne geben und bei großer Hitze um ein gutes Drittel einkochen lassen. Gegen Ende die Kapern unterrühren und mit 3–4 EL Zitronensaft abschmecken. Die Kräuter unterrühren und in 1–2 Min. bei mittlerer Hitze zusammenfallen lassen. Dann die Hitze auf kleinste Stufe reduzieren. Die Butter aus dem Frostfach nehmen und in kleinen Portionen mit dem Schneebesen kräftig unterrühren – gerade so viel, bis die Sauce schön bindet. Mit Salz und Pfeffer abschmecken. Den Fisch aus dem Ofen nehmen und mit Sud in die Pfanne geben. Die Sauce über den Fisch löffeln und kurz ziehen lassen, dann servieren.

Frisch von der Wiese

Als zweiter Gang der »Symphonie der Sinne« wurde Schwertfisch in Weißweinsauce mit Bergkräutern serviert. Da letztere allerdings im Flachland, fern von Bichlheim, schwer zu bekommen sein dürften, gibt es hier im Rezept einen Ersatz mit gemischten grünen Kräutern, die es meist im Bund als »Frühlingskräuter« oder »Kräuter für Grüne Sauce« zu kaufen gibt. Der Rosmarin sorgt für den leicht herben »Bergwiesengeschmack«.

Miriam von Heidenberg (Inez Björg David, l.) und Robert Saalfeld (Lorenzo Patané, r.) sind erleichtert, dass das Versteckpiel um ihre Zusammenarbeit beendet ist.

v.l.n.r: Samia Obote (Dominique Siassia), Lars Hoffmann (Wayne Carpendale), Viktoria Tarrasch (Susan Hoecke), Miriam von Heidenberg (Inez Björg David), Felix Saalfeld (Martin Gruber), Elisabeth Gruber (Susanne Huber), Johann Gruber (Michael Zittel) und Xaver Steindle (Jan van Weyde)

Picknick im Grünen: v.l.n.r. Elisabeth Gruber (Susanne Huber), Werner Saalfeld (Dirk Galuba), Barbara (Nicola Tiggeler) und Miriam (Inez Björg David) von Heidenberg

Robert (Lorenzo Patané, l.) freut sich mit Miriam (Inez Björg David, r.) über ihren Diplomabschluss.

Hildegard (Antje Hagen, l.) und Alfons (Sepp Schauer, r.) Sonnbichler

Blaubeercreme
mit Lavendel und Wildrose

1. 2 EL Zucker in einem Topf goldgelb karamellisieren. Mit Kirschsaft ablöschen und bei großer Hitze kochen, bis sich der Karamell aufgelöst hat. Heidelbeeren, Vanillezucker und nach Belieben Orangenlikör zugeben und einmal aufkochen. Die Stärke in 2 EL kaltem Wasser glatt rühren. 3 EL Heidelbeersaft (ohne Beeren) abnehmen und zur Seite stellen. Das Stärkewasser unter Rühren in den Topf geben und sprudelnd aufkochen, dann abkühlen lassen.

2. Sahne, Milch, 2 EL Zucker und Lavendelblüten in einem Topf unter Rühren aufkochen. Die Hitze auf kleinste Stufe reduzieren und alles ca. 20 Min. zugedeckt ziehen lassen. Inzwischen die Gelatine in kaltem Wasser einweichen. Das Eigelb mit 2 EL Zucker in einer Schlagschüssel verrühren, in einem dazu passenden Topf wenig Wasser aufkochen. Die Schüssel über den Topf hängen (der Schüsselboden darf das Wasser nicht berühren) und die Eigelbe über dem Wasserbad mit dem Schneebesen cremig aufschlagen. (Vorsicht, die Masse stockt schnell.)

3. Die warme Lavendel-Milch-Mischung durch ein feines Sieb nach und nach unter Rühren zur Eigelbmasse gießen. Alles so lange über dem Wasserbad unter Rühren erhitzen, bis die Masse cremig andickt. Dann die Rührschüssel vom Topf nehmen und in ein kaltes Wasserbad stellen. Die Gelatine ausdrücken und mit dem beiseitegestellten Heidelbeersaft zur Creme geben. Rühren, bis sich die Gelatine aufgelöst hat. Dann die Creme abkühlen lassen, damit sie andicken kann.

4. Sobald die Lavendelcreme andickt, die Sahne mit den Rührbesen des Handrührgeräts steif schlagen und unter die Lavendelcreme rühren. Die Madeleines jeweils in 2–3 Stücke brechen und in ein Dessertglas geben, mit je 1 TL Rosenwasser beträufeln und kurz ziehen lassen. Die Lavendelcreme darauf verteilen. Jeweils 2–3 EL Heidelbeerkompott auf die Creme geben und leicht einsinken lassen. Die Gläser mit Frischhaltefolie abdecken und im Kühlschrank in 4–5 Std. fest werden lassen. Zum Servieren das übrige Heidelbeerkompott darauf verteilen.

Für 4 Personen
Zubereitung: 60 Min.
Kühlen: 5 Std.

ZUTATEN:

6 EL	Zucker
75 ml	Kirschsaft
300 g	TK-Heidelbeeren
1 TL	Vanillezucker
3 EL	Orangenlikör (z. B. Cointreau, nach Belieben)
1 TL	Speisestärke
50 g	Sahne
150 ml	Milch
2 TL	getrocknete Lavendelblüten
2 Blatt	weiße Gelatine
2	frische Eigelb (Größe M)
4	Madeleines (fran. Gebäck, Fertig-Produkt)
4 TL	Rosenwasser

STAFFEL

3

Samia & Gregor

»Ist die Suppe versalzen, ist der Koch verliebt«, weiß eine alte Volksweisheit. Das trifft im Falle von Samia den Nagel auf den Kopf: Sie lädt Gregor zu Akatogo, einem milden Gemüsecurry mit Bohnen und grünen Bananen aus ihrer Heimat Uganda. Beim Abschmecken fällt ihr allerdings der Deckel vom Salzstreuer in den Topf, das Gericht ist unrettbar versalzen. Gregor nimmt's mit Humor und beschließt einfach, Spaghetti mit Tomatensauce zu kochen, wünscht sich allerdings eine ganz spezielle Vorspeise: einen Kuss, allerdings keinen »gesalzenen«, wie Samia vorschlägt, sondern einen »gepfefferten«!

Bereits bei dieser Einladung weiß Samia, dass Gregor eigentlich »der Richtige« ist. Genau wie die Handleserin Helga Hölzl, die ihr kurz vor Samias geplanter Hochzeit mit Simon Konopka die Erfüllung ihrer großen Liebe prophezeit und Simon, dass er nicht so bald heiraten wird. Sie behält recht und so reist Charlotte auch nicht ganz umsonst zur Hochzeit Samias an – wenn diese auch nicht wie geplant mit Simon, sondern kurz darauf mit deren großer Liebe Gregor stattfindet.

Ähnlich unglücklich wie für Simon geht es in dieser Staffel auch für seinen Vater André aus. Charlotte kehrt nämlich auch an den Fürstenhof zurück, um ihr Verhältnis zueinander abschließend zu klären. André hatte ihr heftige Avancen gemacht, wohl nicht zuletzt, um seinen Bruder und Charlottes Noch-Ehemann Werner zu ärgern ... Um Charlotte zu bezirzen, kreierte André sogar eigens ein Dessert: das »Parfait Charlotte«, einen zuckersüßen Traum aus weißer Schokolade, Mandeln und Kirschen, das nach seinen Worten »auf der Zunge zergeht«.

»Ein Gedicht«, urteilt auch Charlotte über die verführerisch sahnige Kreation, wohingegen Andrés ewiger Konkurrent Werner das Dessert abfällig als »Pudding« bezeichnet, mit dem man bei Charlotte kaum punkten dürfte. Werner, der immer noch Gefühle für Charlotte hat, behält am Ende sogar recht: Charlotte trennt sich von André – auch wenn der sahnig weiße Traum in Eis sicher die eine oder andere Sünde wert war und ganz bestimmt kein Grund für eine Trennung.

Parfait Charlotte

Für 1 Kastenform (30 cm)
Zubereitung: 30 Min.
Gefrieren: 12 Std.

ZUTATEN:

100 g	weißer Mandeltorrone (ital. Nugat)
4 EL	Amarenakirschen (oder Amarettokirschen, s. S. 133)
180 g	weiße Kuvertüre
450 g	Sahne
3	frische Eigelb (Größe M)
40 g	Zucker
2 EL	Amaretto (ital. Mandellikör, nach Belieben)

1. Den Torrone klein hacken, dazu ggf. Oblaten entfernen. Die Kirschen abtropfen lassen und grob hacken. Die Kuvertüre klein hacken, mit 150 g Sahne unter Rühren in einem Topf bei kleiner Hitze schmelzen, danach vom Herd nehmen.

2. Eigelb, Zucker und Amaretto nach Belieben in einer Schlagschüssel mit dem Schneebesen gut verrühren. In einem passenden Topf Wasser aufkochen. Die heiße Schokosahne unter Rühren zügig unter die Eigelbmischung rühren. Die Schüssel auf den Topf setzen (der Schüsselboden darf das Wasser nicht berühren, sonst wird die Masse zu heiß) und die Masse so lange mit einem Gummispatel durchrühren, bis die Masse cremig wird. (Dabei nicht zu stark erhitzen, sonst stockt das Eigelb.) Dann die Schüssel vom Topf nehmen, in ein kaltes Wasserbad setzen und die Masse kalt rühren.

3. Übrige Sahne mit den Rührbesen des Handrührgeräts steif schlagen. Die Sahne, Torrone und Kirschen behutsam unter die Schokomasse heben. Die Form mit Frischhaltefolie ausschlagen (dabei ausreichend davon überhängen lassen). Die Parfaitmasse einfüllen und glatt streichen, überhängende Folie darüber verschließen. Das Parfait im Frostfach mind. 12 Std. frieren lassen. Ca. 15 Min. vor dem Servieren aus dem Frostfach nehmen und die Folie öffnen. Zum Servieren das Parfait aus der Form stürzen und in Scheiben schneiden.

Ja, sie wollen: Samia (Dominique Siassia, 2.v.l.) und Gregor (Christof Arnold, 2.v.r.) stecken sich vor ihren Trauzeugen Emma (Ivanka Brekalo, l.) und Felix (Martin Gruber, r.) und den anderen Hochzeitsgästen die Ringe an.

Sind sich ihrer Liebe sicher: Samia Obote (Dominique Siassia, l.) und Gregor Bergmeister (Christof Arnold, r.)

Hildegard (Antje Hagen, l.) hat für ihren Alfons (Sepp Schauer, r.) gebacken.

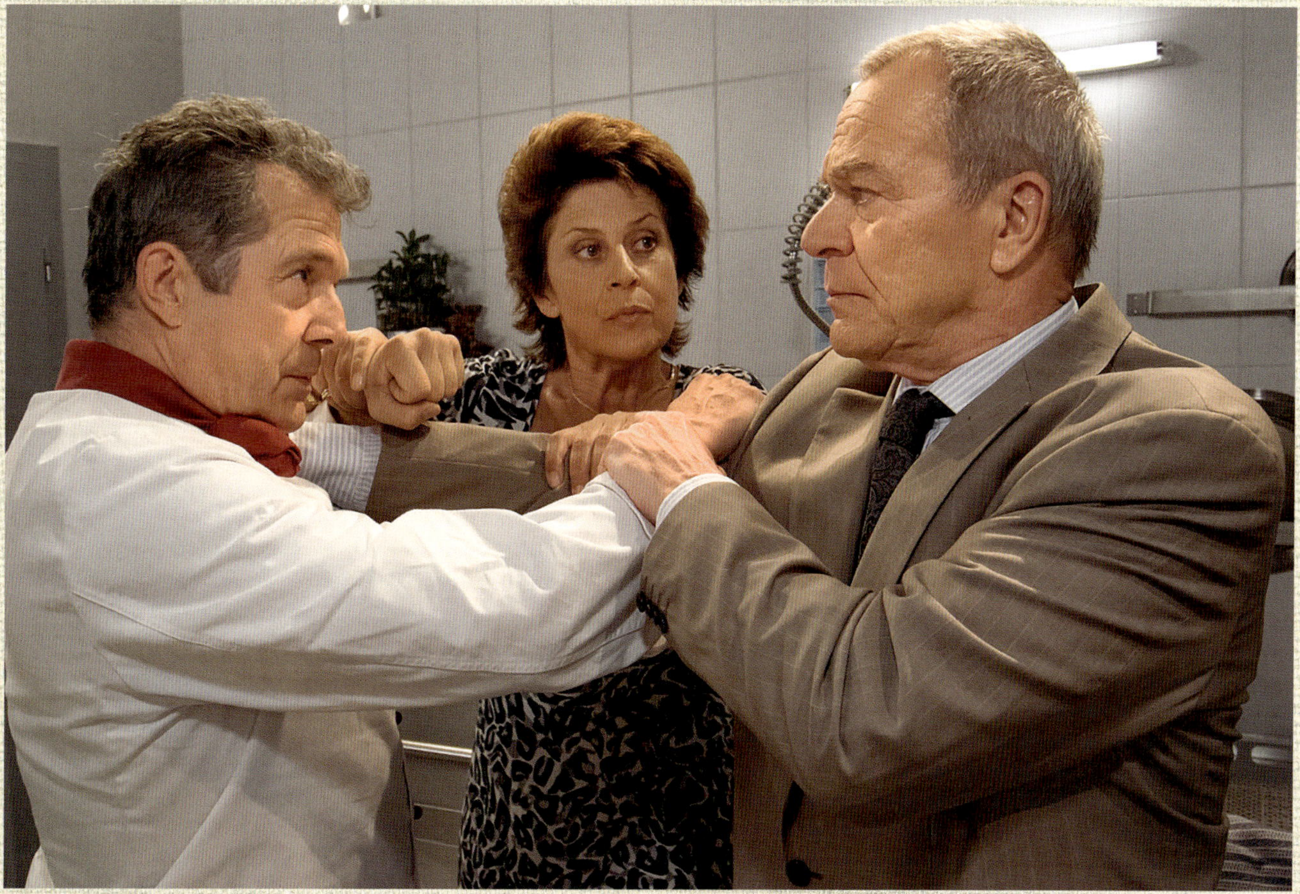

Charlotte (Mona Seefried, M.) kann einen handfesten Streit zwischen den Brüdern André (Joachim Lätsch , l.) und Werner (Dirk Galuba, r.) verhindern.

Samia (Dominique Siassia, r.) und Gregor (Christof Arnold, l.)

Viktoria (Susan Hoecke, l.) gelingt es, Samia (Dominique Siassia, r.) mit Tanz und Musik abzulenken.

Akatogo –
ugandisches Bananencurry

1. Die grünen Bohnen waschen, die Enden abknipsen. Dann die Bohnen in 3 cm lange Stücke schneiden. Die Möhren schälen, putzen, längs vierteln, die Viertel quer in ca. 3 mm dicke Stücke schneiden. Die Paprika halbieren, putzen, waschen und das Fruchtfleisch in Stücke schneiden. Die Kartoffeln waschen, schälen und in 2–3 cm große Stücke schneiden. Die Tomaten waschen und klein würfeln, dabei den Saft auffangen und die Stielansätze entfernen. Die Zwiebel schälen und fein würfeln. Die Pintobohnen in ein Sieb abgießen, kalt abbrausen und abtropfen lassen.

2. Die Enden der Kochbananen beidseitig großzügig abschneiden, die Bananen einmal quer in der Mitte halbieren. Die Schale mithilfe eines Messers abziehen bzw. wegschneiden – dazu unbedingt Einweghandschuhe tragen, da Bananen und Schale einen klebrigen Saft absondern. Die geschälten Bananen sofort in eine Schüssel mit Wasser legen, damit sie nicht braun werden.

3. Das Öl in einem weiten Topf erhitzen, die Zwiebel bei kleiner bis mittlerer Hitze goldgelb dünsten. Möhren und Bohnen zugeben und bei mittlerer Hitze 2–3 Min. unter Rühren anbraten. Mit Kreuzkümmel und Currypulver bestäuben und unter Rühren kurz weiterdünsten. Die Tomaten samt Saft zugeben und unter Rühren bei mittlerer bis großer Hitze braten, bis alle Flüssigkeit verdunstet ist und die Tomaten weich zerfallen. Paprika und Kartoffeln zugeben, die Brühe angießen und alles einmal aufkochen lassen. Salzen, pfeffern und die Hitze reduzieren.

4. Die Bananen eindrücken, sodass sie zur Hälfte bedeckt sind. Alles zugedeckt bei kleiner bis mittlerer Hitze 20–30 Min. köcheln lassen, dabei zwischendurch ein- bis zweimal vorsichtig umrühren und die Bananen obenauf wenden, gegebenenfalls wenig Wasser zugeben. Zuletzt die Bohnen zugeben, vorsichtig unterrühren und weitere 10–15 Min. garen, bis das Gemüse weich und die Bananen gar sind – sie sind gut, wenn sie sich ohne Widerstand mit einem spitzen Messer durchstechen lassen.

Für 4 Personen
Zubereitung: 30 Min.
Garen: 45 Min.

ZUTATEN:

100 g	grüne Bohnen
2	große Möhren
2	kleine grüne Paprika
2	große festkochende Kartoffeln
3	große Tomaten
1	große rote Zwiebel
1	Dose Pintobohnen (400 g, ersatzweise Kidneybohnen)
4	grüne Kochbananen
5 EL	Rapsöl
¾ TL	gemahlener Kreuzkümmel
2 EL	Currypulver
500 ml	Rinderbrühe (oder Fond aus dem Glas)
	Salz | Pfeffer

STAFFEL

4

Emma & Felix

Eigentlich hat ihr Vater gehofft, dass sie einen feschen Bauern heiratet, doch Emma träumt von der großen, weiten Welt. Als waschechtes Mädchen vom Lande tritt sie allerdings schon am Tag ihres Bewerbungsgesprächs am Fürstenhof mächtig ins Fettnäpfchen: Beim Warten in der Lobby beißt sie hungrig und ungeniert in den mitgebrachten Kuchen – einfach unmöglich in einem derart noblen Etablissement!

Hier tritt Restaurantleiter Felix auf den Plan, der sie auf charmante Art diskret aus der Lobby ins Restaurant bugsiert: »Wollen Sie mir bitte folgen?« – »Bis ans Ende der Welt«, haucht darauf Emma schockverliebt. Selig und mit mächtigem Appetit probiert sie sich durch die ganze Speisekarte. Besonders angetan ist sie dabei von der »Leberwurst«, bei der es sich, wie Felix sichtlich amüsiert anmerkt, um feinste Gänseleberpastete handelt – wohlgemerkt, nicht aus Stopfleber. Vor Hauptspeise und Dessert gönnt Emma sich dann noch ein Maronensüppchen mit Sherryrahm als zweite Vorspeise, weil die Portionen nach ihrem Verständnis eher ziemlich klein ausfallen.

Die ganze Schlemmerei kostet sie am Ende nicht nur ihre gesamte Barschaft, sondern auch die Chance auf den Job: Vor lauter Begeisterung für den zuvorkommenden Restaurantleiter verpasst sie ihren Vorstellungstermin für die Stelle als neues Zimmermädchen. Trotzdem schafft sie es, am Fürstenhof zu bleiben und dank ihrer Beharrlichkeit und offenen, fröhlichen Art letztlich auch Felix für sich zu gewinnen.

Zum Glück geht es nach der Hochzeit auch nicht gleich ganz ans Ende der Welt. Felix wollte schon lange ein Hotel in der Nähe der Farm seines Vaters Johann in Kanada aufbauen, traut sich aber zunächst nicht, Emma von diesen Zukunftsplänen zu erzählen. Dabei braucht es gar keine großen Überredungskünste. Ein paar fluffige Pancakes mit Ahornsirup nach kanadischem Rezept beim gemeinsamen Frühstück scheinen zu genügen, um Emma für die Idee zu begeistern. Auf seine Frage, ob sie sich ein Leben in Kanada wirklich vorstellen könnte, bleibt Emma erneut überzeugt und klar bei ihrem ersten Urteil über Felix: »Mit Dir gehe ich überall hin.«

Kanadische Pancakes

Für 4 Personen
Zubereitung: 40 Min.

1. Die beiden Mehlsorten mit Zucker, 1/3 TL Salz, Natron und dem Backpulver mischen. Die Butter in einem Pfännchen bei großer Hitze schmelzen und leicht bräunen lassen, dann mit der Milch in einer Schüssel verrühren. Die Eier gründlich unterrühren. Die Mehlmischung zugeben und alles mit dem Schneebesen gründlich zu einem glatten Teig rühren. Diesen dann 1–2 Min. kräftig schlagen, bis sich kleine Luftblasen bilden.

2. Inzwischen eine beschichtete Pfanne erhitzen und leicht mit Öl ausstreichen. Nebeneinander jeweils einen guten EL Teig hineingeben und mit dem Löffel zu einem 10–12 cm großen Kreis ausstreichen. Bei mittlerer bis großer Hitze backen, bis sich Blasen und Löcher auf der Oberfläche bilden. Dann wenden und die zweite Hälfte ebenfalls goldgelb backen. Fertige Pancakes evtl. im Ofen bei 100° warm halten, bis der ganze Teig verarbeitet ist. Mit Ahornsirup zum Beträufeln servieren. Wer möchte, serviert frische Beeren zu den Pancakes.

ZUTATEN:

180 g	Weizenmehl (Type 405 oder 550)
50 g	Vollkorn-Weizenmehl
60 g	Rohrzucker
	Salz
½ TL	Natron
2 TL	Backpulver
50 g	Butter
300 ml	Milch
2	Eier (Größe L)
	Pflanzenöl zum Braten
	Ahornsirup zum Beträufeln
	frische Beeren zum Servieren (nach Belieben)

Maronensuppe
mit Sherryrahm

1. Die Maronen grob hacken. Die Zwiebel schälen und klein würfeln. Den Lauch längs halbieren, waschen, putzen und in schmale Ringe schneiden. Den Sellerie schälen und in kleine Würfel schneiden. Den Thymian waschen und trocken schütteln.

2. Die Butter in einem Topf schmelzen lassen, die Zwiebel bei kleiner Hitze goldgelb dünsten. Lauch und Sellerie zugeben und 2–3 Min. mitdünsten. Dann mit 75 ml Sherry ablöschen und diesen fast vollständig verkochen lassen, anschließend Hühnerbrühe, Maronen und 2 Zweige Thymian zugeben. Alles bei geschlossenem Deckel und bei mittlerer Hitze 20–25 Min. köcheln lassen.

3. Inzwischen die Blättchen vom übrigen Thymian abstreifen und grob hacken. 100 g Sahne in ein Mixgefäß geben und mit den Rührbesen des Handrührgeräts gerade eben steif schlagen, dabei gegen Ende langsam den übrigen Sherry zugeben.

4. Die Thymianzweige aus der Suppe entfernen. Dann die Suppe fein pürieren und mit Salz, Pfeffer, Muskatnuss, Zimt und Zitronensaft abschmecken. Die Suppe auf Teller verteilen, jeweils 1–2 EL Sherrysahne daraufgeben und ganz leicht einrühren. Zuletzt die Suppe mit dem übrigem Thymian bestreuen und heiß servieren.

Für 4 Personen
Zubereitung: 40 Min.

ZUTATEN:

400 g	gegarte Maronen (Esskastanien, vakuumverpackt)
1	kleine Zwiebel
100 g	Lauch (möglichst den weißen Teil)
150 g	Knollensellerie
4	Zweige Thymian
3 EL	Butter
100 ml	trockener Sherry
1,2 l	Hühnerbrühe (oder Fond aus dem Glas)
200 g	Sahne
	Salz | Pfeffer
	frisch geriebene Muskatnuss
1	Prise Zimtpulver
3 EL	frisch gepresster Zitronensaft

Der Gast ist König

Emma genießt nicht nur das Essen, sondern flirtet auch recht ungeniert mit Felix. Bei der Bestellung der Suppe lädt sie ihn gar auf einen Teller ein. Als Felix dankend ablehnt, meint sie kokett: »Ich dachte, der Gast wäre hier König.« Felix ist amüsiert, bleibt aber hart und lässt ihr nur die Wahl zwischen den einzelnen Gerichten. Worauf Emma kontert: »Egal, Hauptsache, Sie bringen es mir.«

Emma Strobl (Ivanka Brekalo, r.) hat einen romantischen Traum:

Sie ist Aschenputtel, Rosalie Engel (Natalie Alison, M.) die böse Stiefschwester und Felix Saalfeld (Martin Gruber, l.) der edle Prinz.

Rosalie (Natalie Alison, l.) gibt Emma (Ivanka Brekalo, r.) zu verstehen, dass sie sich aus ihrem und Felix' Leben heraushalten soll.

Viktoria Tarrasch (Susan Hoecke, l.) freut sich mit Simon Konopka (René Oltmanns, M.) und Evelyn Konopka (Heike Trinker, r.) über gute Nachrichten.

Emma (Ivanka Brekalo, 2.v.l.) und Felix (Martin Gruber, l.) schneiden vor Charlotte (Mona Seefried, 2.v.r.) und Werner (Dirk Galuba, r.) die Hochzeitstorte an.

mma (Ivanka Brekalo, r.) und Felix (Martin Gruber, l.)

Halten zusammen: Marie Sonnbichler (Annabelle Leip, l.) und Emma Strobl (Ivanka Brekalo, r.)

★★★★★
FÜRSTENHOF
Hauptgerichte/Fisch
…elle mit Mandeln in Minzsauce
mit Gemuese der Saison
***
Jakobsmuscheln mit Lauchravioli
***

Gänseleberpastete

Für 1 Terrinenform aus Keramik (ca. 600 ml Inhalt)
Zubereitung: 45 Min.
Kühlen: 5 Std.

ZUTATEN:

500 g	Gänseleber (siehe Tipp)
100 g	Schalotten
3	Zweige Thymian
125 g	weiche Butter
5 EL	roter Portwein
	Salz | Pfeffer
100 g	Crème double
1 Blatt	weiße Gelatine
200 ml	Gänse- oder Entenfond (aus dem Glas)
2 EL	Johannisbeergelee

1. Häutchen und Sehnen von den Lebern schneiden, dann die Lebern in grobe Stücke schneiden. Die Schalotten schälen und fein würfeln. Den Thymian waschen und trocken schütteln, die Blättchen abzupfen und mit einem Messer fein hacken.

2. In einer beschichteten Pfanne 2 EL Butter schmelzen lassen und Schalotten bei kleiner bis mittlerer Hitze goldgelb und weich dünsten. Den Thymian zugeben und kurz mitdünsten. Die Temperatur erhöhen, die Lebern zugeben und bei großer Hitze 3–4 Min. anbraten – sie dürfen durchgegart und innen nicht mehr rosa sein (am besten ein Probestück durchschneiden). Salzen, pfeffern und mit 3 EL Portwein ablöschen. Dann sofort vom Herd nehmen und leicht abkühlen lassen.

3. Den gesamten Pfanneninhalt in der Küchenmaschine oder im Blitzhacker fein pürieren. Die übrige Butter und Crème double untermixen, mit Salz und Pfeffer abschmecken. Die Masse in die Terrinenform füllen, glatt streichen und vollständig abkühlen lassen.

4. Die Gelatine in kaltem Wasser nach Packungsanweisung einweichen. Den Fond und das Johannisbeergelee unter Rühren aufkochen, dann ca. 5 Min. offen bei großer Hitze einkochen lassen. Mit übrigem Portwein abschmecken. Die Gelatine zugeben und im Fond unter Rühren auflösen. Den Fond leicht abkühlen lassen, dann auf die Terrine gießen. Die Form mit Frischhaltefolie abdecken und die Terrine für mind. 4–5 Std. in den Kühlschrank stellen. Sie hält sich im Kühlschrank ca. 1 Woche. Dazu schmeckt geröstetes Weißbrot.

Gänselebern sind nicht immer und überall zu bekommen (meist eher um die Weihnachtszeit). Wer keine bekommt, kann auch gut normale Geflügel- bzw. Hähnchenlebern nehmen.

STAFFEL

5

Sandra & Lukas

Eher zufällig entdecken Simon und Sandra ein altes handgeschriebenes Buch von Leopold Saalfeld, in dem sich auch ein Rezept für einen Liebesschnaps findet. Dessen besondere, berauschende Wirkung erfährt Simons Onkel André am eigenen Leib: Nach einem winzigen Schlückchen des Elixiers stürzt er sich auf die zufällig hereinkommende Hildegard und küsst sie wie von Sinnen. Erst eine schallende Ohrfeige ihrerseits bringt ihn wieder zur Besinnung und kann Schlimmeres verhindern …

Neben Kräutern und Gewürzen bedarf es einer ganz bestimmten magischen Zutat für den aphrodisierenden Trank: der perlmuttfarbenen Ludovica, »Blume der Liebe«. Sie gilt bereits als ausgestorben, aber ausgerechnet Sandra entdeckt zufällig ein Exemplar davon hinter dem alten Gewächshaus. Die Wiese wird allerdings von ihrer Rivalin Rosalie zerstört und durch Umwege landet die letzte Ludovica in einem von Andrés berühmten Desserts, dem »Parfait Charlotte«.

So beschert die Ludovica Sandra zunächst kein Liebesglück mit Lukas. Im Gegenteil, am Festtag zum 250-jährigen Jubiläum des Fürstenhofs schenkt er ihr zwar Rosen, macht abends aber Rosalie einen Heiratsantrag. Trotz feinster Häppchen, Champagner und großem Feuerwerk um Mitternacht also kein Jubeltag für Sandra. Erst als Lukas ihr kurze Zeit später einen alten Setzkasten mit Blumensamen schenkt, wendet sich ihr Schicksal zum Guten.

Das aus diesen Samen gezogene kleine Ludovicapflänzchen überlebt sogar einen erneuten Anschlag von Rosalie auf das Gewächshaus. Und ausgerechnet durch diese Aktion Rosalies erblüht Lukas Leidenschaft zu Sandra neu, er bekennt sich zu seinen Gefühlen und trennt sich von Rosalie. Trotz weiterer Widrigkeiten, Intrigen und Rückschläge wachsen und gedeihen so letztlich die zarten Gefühle von Sandra und Lukas füreinander beständig weiter und führen zum Happy End.

Liebescocktail

Für 1 Cocktailglas (Tumbler, mind. 18 cl Fassungsvermögen)
Zubereitung: 5 Min.

ZUTATEN:

3	Zweige Minze
2	Salbeiblätter
6 cl	Chartreuse Verte (franz. Kräuterlikör)
3 cl	frisch gepresster Zitronensaft
1 cl	Zuckersirup
	Crushed Ice

1. Minze und Salbei waschen und trocken schütteln. 1 Zweig Minze beiseitelegen, von den übrigen Zweigen 10 schöne Blätter abzupfen und mit dem Salbei in einen Shaker geben. Leicht mit einem Stößel etwas anquetschen. Chartreuse, Zitronensaft und Zuckersirup zugeben. Das Glas mit Crushed Ice füllen, dieses in den Shaker geben. Dann den Shaker verschließen und ca. 15 Sek. kräftig shaken.

2. Das Glas erneut mit Crushed Ice befüllen, aber nicht ganz füllen. Den fertigen Drink durch ein Sieb darübergießen. Den Minzezweig einstecken und sofort servieren.

Da den meisten weder Ludovica noch Destilliergerät zur Verfügung stehen dürfte, gibt es hier anstelle des Rezepts für den geheimnisvollen magischen Kräuterschnaps eines für einen äußerst anregenden Cocktail. Der wird ebenfalls mit Kräuterschnaps zubereitet. Ob er wirkt? Ausprobieren lohnt sich – am besten zu zweit!

Fürstenhof-Jubiläums-Häppchen

Für 4 Personen
(16 Portionen)
Zubereitung: 1 Std.

ZUTATEN:

Für die Muschel-Häppchen:

250 g Charentais-Melone
1 kleine rote Chilischote
6 Basilikumblätter
2 EL Limettensaft
4 EL Olivenöl
Salz | Pfeffer
Zucker
8 ausgelöste Jakobsmuscheln

Für die Avocado-Häppchen:

2 EL Butter
100 g TK-Erbsen
Mark von ½ Vanilleschote
Salz | Pfeffer
2 EL Olivenöl
frisch geriebene Muskatnuss
Saft von ½ Limette
1 Zweig Minze
1 reife, feste Avocado
50 g Panko (asiat. Semmelbrösel)
3 EL Weizenmehl
1 Ei (Größe M)
500 ml Öl zum Frittieren

1. Für die Muschel-Häppchen die Kerne aus der Melone entfernen, das Fruchtfleisch von der Schale schneiden und fein würfeln. Die Chilischote halbieren, putzen, von Kernen und Trennwänden befreien und winzig klein würfeln. Das Basilikum waschen und trocken schütteln, die Blätter in Streifen schneiden. Den Limettensaft mit 2 EL Olivenöl kräftig verrühren, mit Salz und 1 Prise Zucker würzen und mit Melone, Chili und Basilikum mischen. 15 Min. ziehen lassen.

2. Die Jakobsmuscheln kalt abwaschen, trocken tupfen, salzen und pfeffern. Das übrige Öl in einer Pfanne erhitzen, darin die Muscheln bei großer Hitze von beiden Seiten je ca. 1 Min. braten. Die Melonensalsa auf 8 Schälchen verteilen und je 1 Muschel auflegen.

3. Für die Avocado-Häppchen die Butter schmelzen, die Erbsen zugeben und bei mittlerer Hitze unter Rühren auftauen. Das Vanillemark unterrühren, alles salzen und bei kleiner Hitze zugedeckt 8–10 Min. dünsten. Dann vollständig abkühlen lassen. Anschließend mit 1–2 EL Olivenöl fein pürieren, mit Salz, Pfeffer, Muskatnuss und 1–2 Spritzern Limettensaft abschmecken und auf 8 Schälchen verteilen.

4. Die Minze waschen und trocken schütteln, die Blättchen abzupfen und in Streifen schneiden. Die Avocado halbieren, Schale und Kern entfernen, die Hälften längs vierteln und sofort in Limettensaft wenden. Brösel und Mehl in zwei tiefe Teller geben. Das Ei in einem tiefen Teller verquirlen, salzen und pfeffern. Das Öl in einem Topf oder in der Fritteuse erhitzen – es ist heiß genug, wenn an einem hölzernen Kochlöffelstiel, den man hineinhält, sprudelnd Bläschen aufsteigen. Die Avocadospalten erst in Mehl, dann in Ei und zuletzt in den Bröseln wenden. Im heißen Öl knusprig braun frittieren, herausnehmen und auf etwas Küchenpapier abtropfen lassen. Leicht salzen, dann je 1 Spalte auf je 1 Portion Erbsenmus geben. Mit Minze garnieren und servieren.

Lachs- und Thunfisch-Nigiri

Für 16 Stück
Zubereitung: 1 Std.
Garen: 15 Min.
Quellen: 30 Min.

ZUTATEN:

Grundrezept Sushireis:

250 g Sushireis
3 EL Reis- oder Weißweinessig
2 EL Zucker
1 TL Salz

Für die Nigiri-Sushi:

je 150 g frisches Lachs- und Thunfischfilet (in Sushiqualität)
2 TL Wasabipaste
1 Portion Sushireis
2 EL Reis- oder Weißweinessig

1. Den Reis in einer Schüssel mit kaltem Wasser bedecken und vorsichtig mit den Händen durchrühren. Sobald das Wasser milchig ist, den Reis in ein Sieb abgießen, wieder in die Schüssel geben und nochmals wässern. Diesen Vorgang zwei- bis dreimal wiederholen, bis das Wasser fast klar bleibt. Danach den Reis ca. 30 Min. in Wasser quellen lassen.

2. Den Reis anschließend in ein Sieb abgießen, abtropfen lassen und mit 270 ml Wasser bei großer Hitze in einem Topf 1–2 Min. aufkochen. Dann den Reis bei möglichst kleiner Hitze zugedeckt ca. 10 Min. garen. Den Topf vom Herd nehmen, den Deckel abnehmen, ein Geschirrtuch über den Topf legen und den Reis ca. 15 Min. auskühlen lassen.

3. Inzwischen Essig, Zucker und Salz in einem kleinen Topf unter Rühren erhitzen, bis sich Zucker und Salz aufgelöst haben. Dann die Flüssigkeit vom Herd nehmen und abkühlen lassen.

4. Den Reis in einer breiten Schüssel mit kleinem Rand verteilen. Die Essigmischung über den handwarmen Reis träufeln und mit einem hölzernen Pfannenwender verteilen: Dazu immer wieder vorsichtig (ohne den Reis zu drücken oder umzurühren) diagonale Linien durch den Reis ziehen. Den Reis abkühlen und etwas trocknen lassen – das geht am besten mit der Kaltluftstufe eines Haarföns. Bis zum Verarbeiten die Schale mit einem feuchten Tuch abdecken.

5. Für die Nigiri die Fischfilets mit einem scharfen Messer quer zur Faser im 45°-Winkel schräg in jeweils 8 dünne Scheiben von ca. 3 x 6 cm schneiden. Die Scheiben jeweils auf einer Seite dünn mit Wasabipaste bestreichen. Den Essig mit 200 ml Wasser mischen.

6. Die Hände mit Essigwasser befeuchten und aus dem Reis ohne Druck 16 längliche Klößchen formen. Je 1 Fischscheibe mit dem Wasabi nach oben in eine Handfläche legen. Reisbällchen auflegen und mit dem Zeigefinger der anderen Hand leicht auf den Fisch drücken. Reisbällchen wenden und den Fisch von oben behutsam mit Daumen und Zeigefinger der anderen Hand an den Reis drücken, sodass eine gleichmäßig längliche Form entsteht. Auf diese Weise alle Sushis fertig stellen.

Bei ihnen hat es gefunkt: Sandra Ostermeyer (Sarah Stork, r.) und Lukas Zastrow (Wolfgang Cerny, l.)

Alois Pachmeyer (Philipp Sonntag, r.) und Alfons (Sepp Schauer, l.) sind auf Bären-Jagd.

Rosalie Engel (Natalie Alison, l.) und Dr. Michael Niederbühl (Erich Altenkopf, r.)

250 Jahre Fürstenhof: Laura (Henriette Richter-Röhl, l.) und Robert (Lorenzo Patané, M.) freuen sich ihre Halbschwester Sandra (Sarah Stork, r.) kennenzulernen und genießen gemeinsam das Jubiläums-Feuerwerk.

Bei den Sonnbichlers (Antje Hagen, l. und Sepp Schauer, r.) fühlt man sich einfach mopswohl.

Charlotte Saalfeld (Mona Seefried, l.) spürt, dass Cosima (Gabrielle Scharnitzky, r.) sie um ihr Leben beneidet.

Vegetarische Maki-Sushi

Für 48 Stück
Zubereitung: 1 Std.

ZUTATEN:

1	Portion Sushireis (s. S. 51)
200 g	Baby-Blattspinat (ersatzweise 150 g TK-Spinat)
	Salz
4 EL	Wasabi-Erdnüsse (Fertigprodukt)
1	Stück Bio-Salatgurke (ca. 10 cm)
1/3	Bund Schnittlauch
4	Nori-Algenblätter
1 TL	Wasabipaste (aus dem Asienladen)
4 EL	Doppelrahmfrischkäse
2 EL	Reis- oder Weißweinessig
1	hölzerne Sushirollmatte (aus dem Asienladen)

1. Frischen Spinat waschen und verlesen. Einen Topf auf dem Herd erhitzen, den Spinat tropfnass (oder tiefgekühlten Spinat) hineingeben, salzen und unter Rühren bei großer Hitze zusammenfallen (oder auftauen) lassen. Den Spinat in ein Sieb geben, abtropfen und abkühlen lassen, danach gründlich ausdrücken. Die Wasabinüsse im Blitzhacker zerkleinern. Die Gurke waschen und längs achteln, dabei die Kerne innen wegschneiden. Den Schnittlauch waschen und trocken schütteln.

2. Die Algenblätter längs halbieren. Den Essig mit 200 ml Wasser mischen. Jeweils ein Algenblatt mit der glänzenden Seite nach unten längs bündig auf die untere Kante der Rollmatte legen. Die Hände mit Essigwasser anfeuchten. Ein Achtel Reis gleichmäßig auf dem Algenblatt verteilen, dabei am oberen Rand ca. 1 cm frei lassen. Längs mittig in den Reis kleine Linie eindrücken.

3. Für die Spinatsushi entlang dieser eingedrückten Linie jeweils ein Viertel des Spinats auflegen, darauf ein Viertel der Wasabinüsse streuen. Für die Gurkensushi entlang der Linie vorsichtig je ¼ TL Wasabipaste und 1 EL Doppelrahmfrischkäse auftragen, dann jeweils 2 Gurkenachtel in einer Linie auflegen, daneben Schnittlauchhalme.

4. Die Rollmatte samt Algenblatt vorsichtig von unten nach oben über die Füllung aufrollen, dabei die Füllung etwas festhalten, damit sie nicht verrutscht. Die Bambusmatte rechtzeitig herausziehen. Sobald die Rolle geschlossen ist, nochmals in die Bambusmatte einschlagen und durch sanftes Hin- und Herbewegen rund rollen. Auf diese Weise 8 Rollen herstellen. Die Rollen mit der Nahtseite nach unten auf ein Brett legen. Die Rollen erst halbieren, dann beide Hälften nebeneinander legen und dritteln – so entstehen aus jeder Rolle 6 Maki-Sushi.

Rosalies Favorites

Kochen ist nicht gerade Rosalies Ding – dafür liebt sie Sushi und bestellt regelmäßig ganze Platten davon.

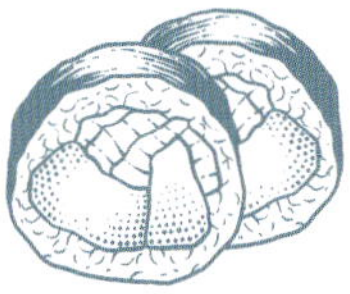

Werners Böfflamott

Für 4 Personen
Marinieren: 3 Tage
Zubereitung: 30 Min.
Garen: 2 Std. 30 Min.

ZUTATEN:

1 kg	Rindfleisch für Schmorbraten (aus der Schulter)
1	große Möhre
120 g	Knollensellerie (möglichst mit Grün)
2	Zwiebeln
3	Lorbeerblätter
½ TL	schwarze Pfefferkörner
½ TL	Senfkörner
5	Pimentkörner
5	Wacholderbeeren
3	Gewürznelken
¾ l	trockener Rotwein
100 ml	Rotweinessig
2 EL	Butterschmalz
1½ EL	Tomatenmark
400 ml	Rinderbrühe (oder Fond aus dem Glas)
	Salz | Pfeffer

1. Das Fleisch trocken tupfen. Möhre und Sellerie putzen und schälen, dann in ca. 1 cm große Würfel schneiden. 1 Zwiebel schälen und grob würfeln. Alles mit Lorbeerblättern und Gewürzen in eine große Schüssel geben und mit Rotwein und Essig mischen. Das Fleisch einlegen, die Schüssel mit einem passenden Teller oder Frischhaltefolie abdecken und im Kühlschrank 2–3 Tage durchziehen lassen. Möglichst jeden Tag ein- bis zweimal durchrühren und das Fleisch wenden.

2. Den Backofen auf 180° vorheizen. Das Fleisch aus der Marinade heben und vorsichtig trocken tupfen. Die Marinade durch ein feines Sieb gießen und die Flüssigkeit auffangen, das Gemüse gut abtropfen lassen. Die übrige Zwiebel schälen und fein würfeln.

3. Das Butterschmalz in einem Bräter erhitzen. Das Fleisch bei mittlerer Hitze ringsum 8–10 Min. anbraten, dann aus dem Bräter nehmen. Die Zwiebelwürfel und das abgetropfte Gemüse zugeben und unter gelegentlichem Rühren bei großer Hitze 1–3 Min. leicht bräunen lassen. Das Tomatenmark unterrühren und unter Rühren 3–4 Min. mitrösten, bis alles schön gebräunt und das Tomatenmark deutlich dunkler ist. Mit einem guten Schuss Marinade ablöschen und den Bodenansatz durch Rühren lösen. Die Marinade verkochen lassen. Übrige Marinade und Fond zugießen und kurz aufkochen lassen.

4. Das Fleisch in die Sauce legen, salzen und pfeffern. Einen Deckel auflegen und den Braten im heißen Ofen (unten) 1 Std. 30 Min.–2 Std. schmoren lassen, dabei zwischendurch ein- bis zweimal wenden. Für die Garprobe das Fleisch mit einer (Fleisch-)Gabel einstechen: Lässt sie sich leicht wieder herausziehen, ist es gut, lässt sie sich dagegen nur schwer herausziehen, das Fleisch weitere 30 Min. garen.

5. Das fertige Fleisch aus der Sauce nehmen und warm halten. Die Sauce durch ein feines Sieb gießen und auffangen. Je nach gewünschter Konsistenz bei großer Hitze offen einkochen lassen, mit Salz und Pfeffer abschmecken. Das Fleisch in dünne Scheiben schneiden und mit der Sauce servieren. Dazu passen Eiernudeln oder Spätzle.

STAFFEL

6

Eva & Robert

Waren es am Ende die Waldgeister …? Eigentlich wollte Eva nur ein Dessert für den schwerkranken Markus machen, Waldmeistercreme, wie er sie in Kindertagen bei der Nachbarin Frau Stranninger aß. Robert hilft ihr bei der Zubereitung und bei der Suche nach dem dafür nötigen Kraut, dem allerlei Zauberkräfte nachgesagt werden. Liegt es also am Waldmeister, dass sich die beiden plötzlich wieder auf ganz magische Weise zueinander hingezogen fühlen?

Bereits bevor der tot geglaubte Markus wieder an den Fürstenhof zurückkehrte, knisterte es in der Küche gewaltig zwischen den beiden. Als Eva anstelle von einem Marmor- einen ungenießbaren «Betonkuchen» für Alfons fabriziert, ist Robert zur Stelle. Er offenbart ihr das Geheimnis für den saftigsten Birnen-Mohn-Kuchen aller Zeiten, dessen Rezept übrigens von Laura stammt: einfach ein paar Löffel Wasser! Dafür verrät ihm Eva einiges über die Kochkünste von Markus. Ob es diese Ideen oder einfach nur die Gegenwart von Eva ist – neu inspiriert verfällt Robert in einen wahren Schaffensrausch am Herd.

Seine außergewöhnliche Kreativität stellte Robert schon kurz zuvor unter Beweis. Beim Konzept für das neue Edelbistro, das er mit seiner Ex-Freundin Lena eröffnen wollte, sprüht er nur so vor Ideen. Sein Plan: eher leichte Küche, immer mit besonderem Pfiff, die selbst verwöhnte Gourmets überzeugen soll. Neben wechselnden Gerichten sieht er dabei Flammkuchen ständig auf der Karte. Nicht nur einfach klassisch, sondern auch mal italienisch angehaucht oder als vegetarische Variante. Wer hier die Wahl hat, hat sicher auch die Qual!

Auf ganz andere Weise quält sich Sängerin Chandana, die sich in Vorbereitung auf ihr geplantes Comeback im Fürstenhof eingemietet hat. Von Fitnesstrainer Nils auf Diät gesetzt nascht sie heimlich. Als Nils sie erwischt, vereinbaren sie einen Deal. Während sie auf alles Süße verzichtet, muss Nils nur auf eines verzichten: seinen geliebten Rib-Eye-Burger. Dumm nur, dass Tanja ihm abends genau den serviert: mit extra viel Käse, Speck und einem ganzen Berg Röstzwiebeln. Ob er ihr und dem Burger widerstehen kann?

Nils favorite Rib-Eye-Burger

Für 4 Personen
Zubereitung: 35 Min.

ZUTATEN:

500 g	Zwiebeln
5 EL	Olivenöl
4	Rib-Eye-Steaks (à ca. 250 g)
	Salz | Pfeffer
100 g	Frühstücksspeck in Scheiben (Bacon)
5 EL	Butter
4	Burgerbuns (Fertigprodukt)
8	Scheiben Bergkäse

1. Die Zwiebeln schälen und in Ringe schneiden. Den Backofen auf 160° vorheizen. In einer beschichteten Pfanne 3 EL Öl erhitzen und die Steaks von beiden Seiten je ca. 1 Min. anbraten. Dann auf ein mit Alufolie ausgelegtes Blech legen, salzen und pfeffern. Im heißen Ofen ca. 8 Min. garen, dabei einmal wenden. Herausnehmen, in die Folie packen und ca. 15 Min. ruhen lassen.

2. Inzwischen eine beschichtete Pfanne bei mittlerer Hitze erhitzen. Den Bacon darin 4–5 Min. langsam braten, sodass das Fett austritt, dann wenden und in weiteren 4 Min. knusprig braun braten. Herausnehmen, auf Küchenpapier abtropfen lassen, anschließend in Stücke schneiden. Gleichzeitig in einer weiteren beschichteten Pfanne die übrigen 2 EL Öl und 3 EL Butter erhitzen und die Zwiebelringe bei kleiner bis mittlerer Hitze unter gelegentlichem Rühren goldbraun braten.

3. Die Speckpfanne sauber auswischen. Die Burgerbuns halbieren, die übrigen 2 EL Butter in der Pfanne schmelzen. Die Buns mit der Schnittfläche nach unten in die Pfanne legen und bei mittlerer Hitze in 1–2 Min. goldgelb rösten, dann herausnehmen. Auf die unteren Brötchenhälften je 1 Steak, darauf 2 Scheiben Käse, darüber Speckscheiben und reichlich Zwiebel häufen. Die obere Brötchenhälfte auflegen, andrücken und nach Belieben noch mit einem Spießchen fixieren.

Waldmeistercreme

Für 4 Personen
Zubereitung: 20 Min.

ZUTATEN:

1	Bund frischer Waldmeister
1/3	Vanilleschote
250 g	Sahne
5 Blatt	weiße Gelatine
1	Bio-Limette
75 g	Puderzucker
400 g	griechischer Joghurt (10 % Fett)
	grüne Lebensmittelfarbe (nach Belieben)
200 g	Erdbeeren

1. Den Waldmeister waschen, trocken tupfen und einige Stunden anwelken (oder sogar antrocknen) lassen. Anschließend die Vanilleschote längs aufschneiden, das Mark herauskratzen. Waldmeister, Vanillemark und -schote mit der Sahne in einen Topf geben und erhitzen, aber nicht kochen lassen. Vom Herd nehmen, 1 Std. ziehen, dann abkühlen lassen. Die Sahne durch ein Sieb gießen, auffangen und kühlstellen.

2. Die Gelatine in etwas kaltem Wasser einweichen. Die Limette heiß waschen, abtrocknen, die Schale abreiben und den Saft auspressen. Limettenschale mit 50 g Puderzucker und dem griechischen Joghurt verrühren. In einem Töpfchen 4 EL Limettensaft erhitzen, die Gelatine ausdrücken und tropfnass in den Topf geben, unter Rühren bei kleiner Hitze auflösen. Den Topf vom Herd nehmen, 2–3 EL Joghurtmasse unter die Gelatinemischung rühren, dann die Gelatinemischung gründlich unter den Joghurt rühren. Ca. 30 Min. kalt stellen.

3. Sobald die Joghurtcreme zu gelieren beginnt, die Waldmeistersahne mit den Rührbesen des Handrührgeräts steif schlagen. Ein Drittel der Sahne und nach Belieben etwas Lebensmittelfarbe gründlich unter die Creme rühren, den Rest Sahne locker unterheben. Die Creme in Schälchen füllen und in 4–5 Std. zugedeckt im Kühlschrank fest werden lassen.

4. Inzwischen die Erdbeeren waschen, putzen und je nach Größe kleiner schneiden. Mit Puderzucker und Orangenlikör nach Belieben mischen, dann zugedeckt ziehen lassen. Sobald die Creme fest ist, mit den marinierten Erdbeeren servieren.

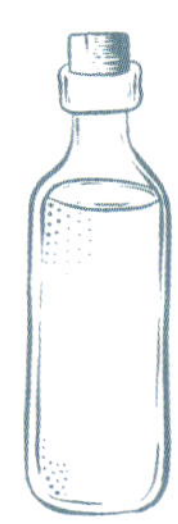

Waldmeister enthält den Aromastoff Cumarin, der in hohen Mengen gesundheitsschädlich sein kann. Bei diesem Rezept muss sich allerdings niemand sorgen. Wichtig ist, den Waldmeister vor der Blüte zu pflücken, denn danach steigt der Cumaringehalt. Außerhalb der Saison lässt sich das Dessert auch mit Waldmeistersirup herstellen. Dazu einfach 6–8 EL Sirup unter die fertige Vanillesahne rühren. Da er je nach Hersteller geschmacklich mehr oder weniger süß ist, evtl. weniger Zucker verwenden.

Bistro-Flammkuchen

Für 4 Personen
Zubereitung: 25 Min.
Backen: 30 Min.

ZUTATEN:

Für den Teig:

280 g	Weizenmehl (Type 405)
120 g	Roggenmehl (Type 1150)
	Salz
1 Pck.	Trockenhefe (7 g)
1 EL	Sonnenblumenöl

Für den Belag:

150 g	Crème fraîche
100 g	Magerquark
150 g	Sahne
	Salz | Pfeffer
5	Zwiebeln
3 EL	Sonnenblumenöl
200 g	magerer Räucherspeck

1. Für den Teig beide Mehlsorten mit 1 TL Salz und Hefe in einer Rührschüssel mischen. Nach und nach 250 ml lauwarmes Wasser und das Öl zugeben. Mit den Knethaken des Handrührgeräts kneten, bis sich alles verbunden hat, dann weitere 5 Min. kräftig durchkneten. Den Teig in eine mit Mehl ausgestäubte Schüssel geben und zugedeckt ca. 45 Min. an einem warmen Ort gehen lassen.

2. Inzwischen Crème fraîche, Quark und Sahne verrühren, kräftig salzen und pfeffern. Die Zwiebeln schälen, in sehr feine Ringe schneiden und in 3 EL Sonnenblumenöl bei kleiner bis mittlerer Hitze goldgelb dünsten. Den Speck quer in feine Streifen schneiden.

3. Den Backofen auf 225° vorheizen. Den Teig in 4 Portionen teilen und jeweils auf einer leicht bemehlten Arbeitsfläche zu einem möglichst dünnen Fladen ausrollen. Die Fladen auf zwei mit Backpapier ausgelegte Bleche verteilen und mit der Crème-fraîche-Creme bestreichen. Gleichmäßig mit Zwiebeln und Speck bestreuen. Die Bleche nacheinander in den heißen Ofen (unten) einschieben und die Flammkuchen in 12–15 Min. knusprig braun backen.

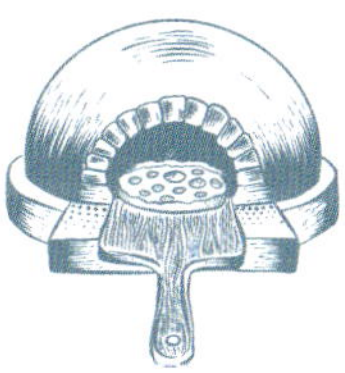

Für einen italienischen Flammkuchen Teig und Creme wie beschrieben zubereiten. Dabei die Creme mit zusätzlich ½ TL abgeriebener Bio-Zitronenschale würzen. 10 Stangen grünen Spargel waschen, holzige Enden wegschneiden und die Stangen schräg in dünne Scheiben schneiden. 4 Frühlingszwiebeln waschen, putzen und mit dem Grün in Ringe schneiden. Die Teigfladen mit Creme bestreichen, mit Spargel, Frühlingszwiebeln und 30 g Pinienkernen bestreuen und wie beschrieben backen. Inzwischen 1 Bund Rucola waschen, trocken schütteln und die Blätter etwas kleiner zupfen. Fertige Fladen mit Rucola bestreuen und nach Belieben mit 120 g Parmaschinken in Scheiben belegen.

Eva (Uta Kargel, r.) und Robert (Lorenzo Patané, l.) genießen ihre Zeit in Verona.

André Konopka (Joachim Lätsch M.) und Nils Heinemann (Floriar Stadler, r.) haben Mordsgaudi: Robert Saalfeld (Lorenzo Patané l.) muss das Geschirr mit der Zahnbürste spülen.

va (Uta Kargel, l.) und Robert (Lorenzo Patané, r.) auf dem weltberühmten Balkon von Romeo & Julia in Verona

va Krendlinger (Uta Kargel) und Esel Emil

Hildegard (Antje Hagen, l.) und Alfons (Sepp Schauer, r.) können das Ausmaß des Bomben-Attentates auf den Fürstenhof noch nicht fassen.

Birnen-Mohn-Kuchen

Für 1 Springform (24 cm Ø)
Zubereitung: 30 Min.
Backen: 1 Std.

ZUTATEN:

3	reife, feste Birnen (à ca. 180 g)
1 EL	frisch gepresster Zitronensaft
5	Eier (Größe L)
	Salz
150 g	Zucker
200 g	weiche Butter
50 g	Puderzucker
	abgeriebene Schale von ½ Bio-Orange
200 g	gemahlener Mohn
200 g	gemahlene Haselnüsse
3 EL	Aprikosenkonfitüre (ohne Stücke)
2 EL	Marillen- oder Orangenlikör (nach Belieben)
	Butter und Paniermehl für die Form

1. Den Backofen auf 175° vorheizen, die Form mit Butter fetten und mit Paniermehl ausstreuen. Die Birnen mit dem Sparschäler schälen, vierteln und das Kerngehäuse herausschneiden. Die Viertel sofort in Zitronensaft wenden, damit sie nicht braun werden.

2. Die Eier trennen. Die Eiweiße mit 1 Prise Salz mit den Rührbesen des Handrührgeräts steif schlagen, dabei gegen Ende nach und nach den Zucker einrieseln lassen. Die Masse weiterschlagen, bis ein stabiler, fester Eischnee entstanden ist.

3. Die Butter in Stücke schneiden und mit dem Puderzucker mit den Rührbesen des Handrührgeräts oder in der Küchenmaschine cremig rühren. Die Eigelbe nacheinander zugeben und jeweils gründlich unterrühren, bis eine cremige, luftige Masse entstanden ist. Mohn, Haselnüsse und 2 EL lauwarmes Wasser gründlich mit dem Teigspatel unterrühren. Dann den Eischnee vorsichtig, aber gründlich unterarbeiten.

4. Den Teig in die Form füllen und glatt streichen. Die Birnen strahlenförmig mit etwas Abstand zum Rand auf dem Teig verteilen und leicht in den Teig eindrücken. Den Kuchen im Ofen (Mitte) in 50–60 Min. goldbraun backen, dabei evtl. gegen Ende mit Backpapier abdecken, damit er nicht zu braun wird.

5. Den Kuchen herausnehmen und auf einem Kuchengitter etwas abkühlen lassen. Inzwischen die Aprikosenkonfitüre nach Belieben mit dem Likör in einem kleinen Topf erhitzen. Den Kuchen aus der Form lösen und auf ein Kuchengitter geben. Noch warm mit der Marmelade bestreichen und vollständig abkühlen lassen.

Der Kuchen ist auf alle Fälle saftiger als Evas erster Kuchenversuch. Sogar noch besser schmeckt er, wenn er einen Tag in Folie eingeschlagen an einem kühlen Ort (auch Kühlschrank) durchziehen kann.

PHILIPS

STAFFEL

7

Theresa & Moritz

Neben dem amourösen Verwirrspiel zwischen Theresa, Moritz und dessen überraschend auftauchendem Zwillingsbruder Konstantin wird in dieser Staffel vor allem auch das schöne Bayernland besonders in Szene gesetzt. Theresa zieht es nach ihrem Studium in Berlin zurück ins beschauliche Bichlheim. Dort macht sich die gelernte Bierbrauerin mit Feuereifer daran, die heruntergewirtschaftete Brauerei ihres Vaters auf Vordermann zu bringen. Beim Großreinemachen läuft ihr Moritz über den Weg bzw. den Gartenschlauch. Nach dieser ersten Begegnung sind beide nicht nur pitschnass, sondern bereits schwer verliebt.

Theresa verhilft dem Namen »Burgerbräu« wieder zu neuem Glanz. Mithilfe von Chefkoch André vom Fürstenhof eröffnet sie das Bräustüberl, wo typisch Bayrische Schmankerl serviert werden, vom Schweinebraten mit Knödeln bis hin zu den allseits beliebten Fleischpflanzerl mit Kartoffelsalat. Passend zur überwiegend deftigen Kost braut sie ein eigenes, besonders feines Bier.

Dieses Gourmetbier, das Fürstenhof Royal, vergleichen Kenner in seinem Geschmack sogar mit Wein. Es passt auch bestens ins Konzept von Fernsehkoch Viktor Sparmann. Der möchte seine Kochshow am Fürstenhof produzieren und übernimmt kurzzeitig die Regie in der hoteleigenen Küche. Er überredet die Hotelleitung zu einer »Bayrischen Woche« mit einem eigens kreierten »Menü bavarois«. Zur Eröffnung der Woche werden nicht nur edle Magentrazerl, bayrisch angehauchte Appetithäppchen, gereicht, sondern auch ein »Gstanzl« vorgetragen.

»Der Werner, der Saalfeld, der ist ein Filou, kaum schaugst kurz auf'd Seiten, kommt ein Kind dazu«, dichten Alfons und Xaver darin munter in bairischer Mundart in Anspielung auf Werners zahlreiche Nachkommenschaft. Das Publikum ist begeistert, Werner dagegen vergeht bei diesen Spottversen nicht nur der Appetit. Er erteilt den beiden einen kräftigen Rüffel und erklärt die doch soeben erst begonnene Aktionswoche wieder für beendet.

Götterspeise für Verwöhnte

Für 4 Personen
Zubereitung: 15 Min.
Kühlen: 12 Std.

ZUTATEN:

6 Blatt	weiße Gelatine
70 g	Zucker
2 EL	Holunderblütensirup
400 ml	trockener Rosé-Sekt (oder Cava)
3 EL	Granatapfelkerne (ersatzweise 16 kleine Himbeeren)
	Goldpuder (Lebensmittelfarbe, nach Belieben)

1. Die Gelatine nach Packungsanweisung in etwas Wasser einweichen. Dann Zucker und Sirup mit 80 ml Wasser in einem Topf erhitzen, bis der Zucker geschmolzen ist. Den Topf vom Herd nehmen und die Gelatine unterrühren, bis sie sich aufgelöst hat. Etwas abkühlen lassen, dann den Sekt langsam nach und nach unterrühren.

2. Die Granatapfelkerne in 4 Sektschalen geben, das Gelee daraufgießen. Etwas abkühlen lassen, mit Frischhaltefolie abdecken und mind. 12 Std. im Kühlschrank fest werden lassen. Zum Servieren nach Belieben mit Goldpuder bestreuen.

Einfach göttlich

Anlässlich ihres 40. Jahrestags wandern Hildegard und Alfons zur Berghütte, in der er ihr einst seine Liebe gestand. Der Weg ist noch genauso berauschend schön, wenn auch etwas mühsamer ... Die Hütte nicht mehr ganz so urig und auch die als Proviant eingepackte Götterspeise schmeckt nicht mehr ganz so göttlich. »Damals waren wir jung und verliebt, heute sind wir alt und verwöhnt«, stellt Alfons ernüchtert fest, lenkt dann aber sofort ein: »Ich mag vielleicht keine Götterspeise mehr, aber ansonsten ist mein Geschmack immer noch derselbe!«

Fleischpflanzerl mit Kartoffelsalat

1. Für den Salat die Kartoffeln waschen, in einem Topf mit Wasser bedecken und mit reichlich Salz und Kümmel ca. 20 Min. garen. Abgießen, ausdampfen, etwas abkühlen lassen und noch warm pellen.

2. Während die Kartoffeln kochen, die Zwiebel schälen und in feine Würfel schneiden. 2 EL Öl in einem Topf erhitzen, die Zwiebel glasig dünsten. Die Brühe zugießen und erhitzen, vom Herd nehmen und Senf und Essig unterrühren. Mit Salz, Pfeffer und 1–2 Prisen Zucker würzen.

3. Die Kartoffeln in Scheiben schneiden, in eine Schüssel geben und mit der noch lauwarmen Brühe übergießen. Dann zugedeckt ca. 15 Min. ziehen lassen. Die übrigen 4 EL Öl vorsichtig untermischen und den Salat mit Salz und Pfeffer abschmecken.

4. Inzwischen für die Fleischpflanzerl die Brötchen in kleinere Würfel schneiden. Die Milch darüberträufeln und alles gut mischen, dann ca. 10 Min. stehen lassen. Inzwischen die Zwiebel schälen und fein würfeln. Die Petersilie waschen und trocken schütteln, die Blättchen abzupfen und fein schneiden. Die Butter in einem Pfännchen schmelzen lassen, die Zwiebel bei mittlerer Hitze goldgelb dünsten. Vom Herd nehmen, die Petersilie unterrühren und leicht abkühlen lassen.

5. Das Hackfleisch in eine Schüssel geben, das Ei aufschlagen und dazugeben. Die Brötchenwürfel nochmals gut mit den Fingern durchmengen, dann mit der Zwiebel-Petersilie-Mischung zum Hack geben. Alles durchmischen und kräftig mit Senf, Salz, Pfeffer, Muskat, fein zerbröseltem Majoran und Chili würzen. Alles kräftig mit den Händen durchmengen und falls nötig noch 1–2 EL Semmelbrösel dazugeben, dann die Masse für ca. 30 Min. zugedeckt in den Kühlschrank stellen.

6. Die Hackmasse in 8 Portionen teilen, mit leicht angefeuchteten Händen zu Kugeln formen und diese leicht flach drücken. Das Butterschmalz in einer beschichteten Pfanne erhitzen, die Fleischpflanzerl von beiden Seiten in je 2–3 Min. bei mittlerer Hitze goldbraun braten. Dann bei kleinerer Hitze in 12–15 Min. fertig braten, dabei zwischendurch immer mal wieder wenden. Dann mit Kartoffelsalat servieren.

Für 4 Personen
Zubereitung: 1 Std. 15 Min.
Ruhen: 45 Min.

ZUTATEN:

Für den Salat:

1 kg	festkochende Kartoffeln
	Salz
1/3 TL	Kümmelsamen
1	große Zwiebel
6 EL	Sonnenblumenöl
200 ml	Gemüsebrühe
1 TL	Dijonsenf
3 EL	Weißweinessig
	Zucker

Für die Fleischpflanzerl:

1	Brötchen vom Vortag
6 EL	Milch
1	große Zwiebel
½	Bund Petersilie
2 EL	Butter
500 g	gemischtes Hackfleisch
1	Ei (Größe L)
1 TL	Dijonsenf
	Salz | Pfeffer
	frisch geriebene Muskatnuss
½ TL	getrockneter Majoran
3 Msp.	Chilipulver
1–2 EL	Semmelbrösel
	Butterschmalz zum Braten

Theresa Burger (Ines Lutz, l.) und Moritz van Norden (Daniel Fünffrock, r.)

Die Zwillinge Konstantin und Moritz (beide Moritz Tittel) treffen zum ersten Mal in ihrem Leben aufeinander. Der Streit eskaliert: Moritz fällt von der Brücke...

Theresa (Ines Lutz) in ihrer Brauerei Burger Bräu.

Die Brauereipartner André (Joachim Lätsch, l.) und Julius (Michele Oliveri, r.)

Jubiläum im Jubiläum: Die Brauerei Burger Bräu wird 100 Jahre alt. Gleichzeitig feiert das Team 1500 Folgen. v.l.n.r. Julius König (Michele Oliveri), Charlotte Saalfeld (Mona Seefried), André Konopka (Joachim Lätsch), Nicola Westphal (Kerstin Gäthe) und Theresa Burger (Ines Lutz)

Strahlend verlassen Theresa (Ines Lutz, v.r.) und Moritz (Daniel Fünffrock, v.l.) mit ihrer Hochzeitsgesellschaft die Bergkapelle.

Bayrische-Woche-Häppchen

1. Für den Obatzda die Schalotten schälen und fein würfeln. Den Camembert möglichst klein würfeln. Die Butter in Stücke schneiden und mit den Rührbesen des Handrührgeräts 1–2 Min. cremig aufschlagen. Käse und Schalotten unterheben, mit Bier, ½ TL Paprikapulver, Kümmel, Salz und Pfeffer würzen, zuletzt den Frischkäse unterrühren. Zugedeckt im Kühlschrank ca. 1 Std. ziehen lassen.

2. Inzwischen Weißwürste und Schwarzwurst in ca. 7 mm dicke Scheiben schneiden, dabei die Pelle abziehen. Die Radieschen waschen, putzen und in ca. 4 mm dicke Scheiben schneiden. Die Gürkchen in Scheiben schneiden. Laugen- und Bierstangen mit dem Brotmesser in 1 cm dicke Scheiben schneiden. Den Schnittlauch waschen, trocken schütteln und in Röllchen schneiden, knapp die Hälfte zum Garnieren beiseitelegen.

3. Einen Teil der Stangenscheiben dick mit Butter bestreichen und mit dieser Seite in den Schnittlauch drücken. Etwa die Hälfte der übrigen Stangenscheiben dünn mit Butter bestreichen und jeweils 1 Scheibe Weiß- oder Schwarzwurst auflegen. Auf die Weißwurstscheiben jeweils einen kleinen Klecks Senf geben und ein paar Schnittlauchröllchen aufstreuen. Auf die Schwarzwurst je 1 Radieschenscheibe und ein oder ein paar Gurkenscheibchen auflegen. Die übrigen Stangenscheiben dick mit Obatzda bestreichen. Mit übrigem Paprikapulver bestäuben und mit etwas Schnittlauch bestreuen.

Auf gut Bayrisch

Ursprünglich hat Werner ja selbst ein Gstanzl auf seine eigene Person gedichtet: »Ja, der Werner, der Saalfeld, der hat's ja voll drauf. Ist ein super Direktor, alle lieben ihn zuhauf.« Das war Alfons und Xaver dann aber doch zu lobhudelig und »großkopfert«. Darum schrieben sie das Ganze um … immer noch liebenswürdig, aber a bisserl »gschnappig« (für Nicht-Bayern: bissig) halt.

Für 4 Personen
Zubereitung: 50 Min.
Ruhen: 1 Std.

ZUTATEN:

Für den Obatzda:

2	kleine Schalotten
300 g	reifer Camembert (oder Brie)
100 g	weiche Butter
2 EL	Weißbier
1 TL	edelsüßes Paprikapulver
¾ TL	Kümmelsamen
150 g	Doppelrahmfrischkäse
	Salz | Pfeffer

Außerdem:

2	gebrühte Weißwürste
200 g	dünne Schwarzwurst (am Stück)
5	große Radieschen
10	Essiggürkchen (Cornichons)
3–4	Laugenstangen
3–4	Bierstangen (mit Kümmel)
2	Bund Schnittlauch
200 g	streichfähig weiche Butter
	süßer Senf (aus dem Glas)

STAFFEL

8

Marlene & Konstantin

In der Liebe kommt es darauf an, sein wahres Gesicht zu zeigen. Das erfährt Konstantin auf schmerzhafte Weise, indem er versucht, als Doppelgänger in die Haut seines Zwillingsbruder Moritz zu schlüpfen und Theresa für sich zu gewinnen. Theresa durchschaut den Schwindel instinktiv und wemdet sich stattdessen Peter, dem »echten« Moritz zu, der nach einem Unfall mit »neuem«, weil notoperiertem Gesicht zunächst unerkannt an den Fürstenhof zurückkehrt.

Marlene erkennt und verliebt sich dagegen sofort in Konstantins wahres Ich – trotz Gorillamaskerade, mit der er sich bei ihrer ersten, nicht unbedingt romantischen Begegnung auf einer Damentoilette zum Affen macht. Bis sie allerdings sein Herz gewinnen kann, dauert es: Um Theresa zu vergessen, stürzt Konstantin sich in seinen Job als Barkeeper und eine Beziehung mit Marlenes Mutter Natascha. So unglücklich diese endet, so viel Erfolg hat er bei einem Cocktailwettbewerb: Sein raffinierter Balicuba, eine gelungene Mischung aus heimischen Brombeeren, asiatischen Kräutern und kubanischem Rum, gewinnt den ersten Preis.

Kurze Zeit darauf verliert auch er sein Herz an Marlene. Dieses Mal nicht im Gorilla-, sondern im strassbesetzten Elviskostüm, das er für einen Doppelgängerwettbewerb trägt. »Can't help falling in love with you«, der Titel des Duetts, das er mit Marlene singt, wird auf schicksalshafte Weise wahr: »Elvis hat vielleicht genauso geguckt, als Priscilla ihm sein Lieblingssandwich weggeschnappt hat …«, meint Marlene zu dem vom Liebesdonner gerührten Konstantin. Der bringt seelig und verwirrt kein Wort heraus – fast so, als hätte er eben ein riesiges Erdnussbuttersandwich verschluckt. Ach, muss Liebe schön sein …

Schauspielerisches Talent und viel Vaterliebe dagegen muss Fürstenhof-Chefkoch André beweisen, indem er tapfer das höllisch scharfe Gemüsecurry isst, das ihm seine Tochter Sabrina zubereitet hat. Als er Hilfe suchend nach einem Stück Brot greift, kommt Sabrinas Warnung leider zu spät: Zum Curry reicht sie nämlich ein extrascharfes indisches Gewürzbrot, das bei André nach seinem eigenen Bekunden Verbrennungen dritten Grades auslöst.

Balicuba Cocktail

Für 1 Cocktailschale (mind. 15 cl Fassungsvermögen)
Zubereitung: 10 Min.

ZUTATEN:

- 10 reife Brombeeren
- 3 Zweige Koriandergrün
- 4 cl frisch gepresster Limettensaft
- 4 cl weißer Rum
- 5 Eiswürfel
- 1 Scheibe Limette und 1 schöne Brombeere als Deko

1. Brombeeren und Koriandergrün vorsichtig waschen. Beides mit einem Stößel oder Mörser im Cocktailshaker anquetschen. Limettensaft, Rum und Eiswürfel zugeben. Den Shaker verschließen und ca. 25 Sek. kräftig schütteln. Dann den gemixten Cocktail durch ein feines Sieb in eine Cocktailschale gießen.

2. Die Limettenscheibe vom Rand bis zur Mitte einschneiden, die Brombeere nach Belieben längs von unten her einschneiden. Beides auf den Rand stecken oder die Brombeere in den Cocktail legen. Dann den Cocktail sofort servieren.

Etwas milder wird der Cocktail, wenn man zusätzlich 1 cl Zuckersirup mit in den Shaker gibt. 2 cl Crème de Cassis (schwarzer Johannisbeerlikör) dazu wandeln den Drink zum Balicuba Royal und geben ihm eine schöne, tiefviolette Farbe.

Elvis-Sandwich

Für 4 Personen
Zubereitung: 30 Min.

ZUTATEN:

8	Scheiben Sandwichbrot (ersatzweise Toastbrot)
12	Scheiben Frühstücksspeck (Bacon)
200 g	cremige Erdnussbutter
3	reife Bananen
60 g	Butter

1. Die Sandwichscheiben im Toaster hellbraun und knusprig backen, dann abkühlen lassen. Die Speckscheiben in einer Pfanne ohne Fett auslegen und langsam erhitzen. Bei kleiner bis mittlerer Hitze 3–5 Min. langsam braten, sodass möglichst viel Fett austreten kann, wenden und in weiteren 2–3 Min. knusprig braun braten. Herausnehmen, auf etwas Küchenpapier abtropfen und abkühlen lassen, dann jeden Speckstreifen einmal quer halbieren.

2. Inzwischen die Sandwichscheiben auf einer Seite gleichmäßig dick mit Erdnussbutter bestreichen. Die Bananen schälen und in 4 mm dicke Scheiben schneiden, diese auf der Erdnussbutter verteilen. Die Speckstücke auf den Bananen verteilen. Die zweite Brotscheibe auflegen und leicht festdrücken. Die Butter auf zwei beschichtete Pfannen verteilen und schmelzen lassen. Die Sandwiches in die Pfanne legen und ca. 2 Min. kross anbraten, dann wenden und auf der anderen Seite ebenfalls 1–2 Min. braten, bis sie schön kross sind. Herausnehmen und diagonal halbieren, dann sofort servieren.

Your love is king

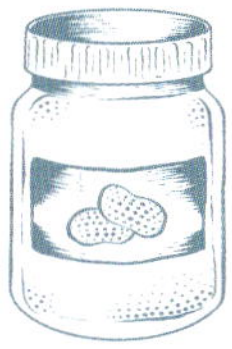

Zu viel des Guten kann wunderbar schmecken: Elvis Presley liebte Superlative und richtig fettes, super kalorienreiches Essen. Da durfte es auch mal ein ganzes ausgehöhltes Toastbrot dick gefüllt mit Erdnussbutter und Marmelade sein. Oder eben sein heiß geliebtes Erdnussbutter-Bananen-Sandwich mit Speck (PB, B & B-Sandwich), das darum oft als Elvis-Sandwich bezeichnet wird. Davon verputzte der King meist nicht nur eins, sondern gleich mehrere hintereinander. Und er hätte sicher ähnlich fassungslos große Augen wie Konstantin gemacht, wenn man ihm auch nur eins weggeschnappt hätte.

Sabrinas Gemüsecurry

Für 4 Personen
Zubereitung: 25 Min.
Garen: 40 Min.

ZUTATEN:

400 g Fenchel
2 rote Paprika
2 Stangen Staudensellerie
2 Möhren
2 kleine Auberginen
2 Zwiebeln
3 Knoblauchzehen
30 g frischer Ingwer
4 EL Kokosöl (ersatzweise Sonnenblumenöl)
3 TL gemahlener Koriander
2 TL gemahlener Kreuzkümmel
1 TL Kurkumapulver
½ TL Chilipulver
1 Dose stückige Tomaten (400 g)
Salz | Pfeffer
1 Dose Kokosmilch (400 g)
1 Limette

1. Den Fenchel waschen, putzen, halbieren und den Strunk so herausschneiden, dass die einzelnen Stücke noch zusammenhalten, dann die Hälften in schmale Spalten schneiden. Die Paprika halbieren, putzen, waschen und in ca. 2 cm große Stücke schneiden. Die Selleriestangen waschen und putzen, die Möhren schälen und putzen, dann beides schräg in ca. 3 mm dicke Stücke schneiden. Die Auberginen waschen und putzen, dann längs halbieren und in 1 cm dicke Stücke schneiden.

2. Zwiebeln, Knoblauch und Ingwer getrennt schälen und fein würfeln. Das Öl in einem großen Topf erhitzen, die Zwiebeln bei kleiner bis mittlerer Hitze goldbraun braten. Ingwer und Knoblauch zugeben, kurz mitbraten, dann die gemahlenen Gewürze unterrühren und ca. 1 Min. unter Rühren anrösten. Fenchel, Sellerie und Möhren zugeben und kurz mitbraten, alles salzen und pfeffern.

3. Die Tomaten zugeben und bei großer Hitze unter gelegentlichem Rühren braten, bis alle Flüssigkeit verdunstet ist und die Tomatenmasse eine deutlich dunklere Farbe annimmt. Dann Kokosmilch, 350 ml Wasser, Paprika und Auberginen unterrühren, salzen und pfeffern. Das Curry zugedeckt 35–40 Min. bei kleiner bis mittlerer Hitze garen, dabei ab und an umrühren und falls nötig ein wenig Wasser zugeben. Die Limette halbieren, eine Hälfte auspressen, die andere in Spalten schneiden. Das Curry vor dem Servieren mit Salz, Pfeffer und 2–3 EL Limettensaft abschmecken, die Limettenspalten dazureichen.

Die unbekannte Fremde

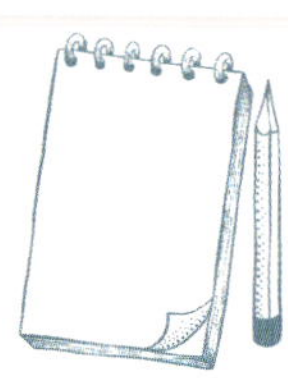

Mit ihrem unangekündigten Auftauchen am Fürstenhof versetzt Gastro-Journalistin Sabrina Koch André erst mal ganz schön in Verwirrung. Erst muss er ihre Kritik fürchten, dann setzt sie alles daran, ihn zu umgarnen. Danach folgt die ganz große Überraschung: Sie outet sich als seine uneheliche Tochter. So kann dann auch ein zu scharf geratenes Curry die späten Vaterfreuden nicht ernsthaft trüben!

Marlene Schweitzer (Lucy Scherer, l.) träumt von einer glücklichen Zukunft mit Konstantin Riedmüller (Moritz Tittel, r.).

Konstantin (Moritz Tittel, l.) beginnt eine Liaison mit Natascha Schweitzer (Melanie Wiegmann, r.) Marlenes Mutter.

Alte Liebe rostet nicht? Die Saalfelds Charlotte (Mona Seefried, r.) und Werner (Dirk Galuba, l.)

André (Joachim Lätsch, r.) und seine Tochter Sabrina (Sarah Elena Koch, l.).

Konstantin (Moritz Tittel, l.) hat sich in Marlene (Lucy Scherer, r.) verliebt.

Xaver (Jan van Weyde) & Kira Mareike Lindenmeyer) Steindle, Pfarrer Martin Windgassen (David Paryla) und die Hochzeitsgäste: Nils (Florian Stadler), Julius (Michele Oliveri), Alfons (Sepp Schauer) und Hildegard (Antje Hagen)

Extrascharfes Gewürzbrot

Für 1 Laib
Zubereitung: 25 Min.
Gehen: 1 Std. 30 Min.

ZUTATEN:

4 g	Trockenhefe
	Zucker
300 g	Weizenmehl (Type 405)
	Salz
100 g	griechischer Joghurt (10 % Fett)
1 EL	Olivenöl
4	grüne Peperoncini (ital. Chilischoten)
1	kleines Bund Koriandergrün
25 g	Butter

1. Trockenhefe, 1 TL Zucker und 120 ml lauwarmes Wasser in einem Schälchen gründlich verrühren und 10–15 Min. zugedeckt stehen lassen.

2. Das Mehl mit ½ TL Salz in einer Schüssel mischen. Den Joghurt mit dem Öl verrühren, ins Mehl geben und etwas Mehl darüberlöffeln. Den Hefeansatz dazugeben und alles mit den Knethaken des Handrührgeräts verrühren, bis sich alle Zutaten gut verbunden haben, dann weitere 8 Min. durchkneten. Der Teig sollte am Ende eher klebrig feucht sein. Den Teig in eine Schüssel geben, mit einem feuchten, sauberen Tuch abdecken und den Teig ca. 1 Std. an einem warmen Ort gehen lassen.

3. Die Peperoncini waschen, putzen und samt Kernen in dünne Ringe schneiden. Den Koriander waschen und trocken schütteln, die Blättchen abzupfen und fein hacken. Beides unter den Teig kneten. Diesen in 8 Portionen teilen und zu Kugeln formen. Die Kugeln auf einer leicht bemehlten Arbeitsfläche auslegen und mit einem sauberen Geschirrtuch zugedeckt ca. 15 Min. gehen lassen.

4. Die Teigkugeln dann einzeln nacheinander auf einer möglichst leicht bemehlten Arbeitsfläche 3–4 mm dick ausrollen. Die Butter schmelzen. Eine gusseiserne Pfanne auf größter Stufe erhitzen und einen Fladen einlegen. Sobald er Blasen wirft und von unten bräunt, wenden und auf der anderen Seite ebenfalls braun backen. Herausnehmen und sofort beidseitig mit Butter bepinseln. Auf diese Weise alle Fladen backen, die fertigen Fladen dann möglichst im 100° warmen Backofen warm halten.

Achtung, very hot!

»Meine Geschmacksnerven sind total verkokelt«, gesteht André nach dem Genuss von Curry und Gewürzbrot mit immer noch hochrotem Kopf. Wer es wie André nicht ganz so mit Schärfe hat, nimmt daher entsprechend weniger Chilis oder entfernt Kerne und Trennwände - darin steckt nämlich am meisten Schärfe.

STAFFEL

9

Pauline & Leonard

»Wer dir mit so viel Liebe einen Kuchen backt, ist dir ohnehin längst verfallen«, neckt Vater Friedrich Stahl Sohn Leonard und weiß gar nicht, wie recht er damit hat. Dabei ist es nicht irgendein Kuchen, den Pauline gebacken hat. Er ähnelt dem Zitronenkuchen mit Lavendelblüten, den Leonards Mutter ihm einst zum Trost nach einem Sturz mit blutigem Knie im Urlaub buk. Duftig leicht, nach Sommer, Sonne und Liebe schmeckend – sein Lieblingskuchen von diesem Tag an, mit dem er schöne, aber auch schmerzliche Erinnerungen an die verstorbene Mutter verbindet.

Neben Leonard ist Backen Paulines absolute Leidenschaft. Eigentlich aus Dresden stammend wirbelt die gelernte Konditorin nun in rosafarbener Muffinschürze durch die Hotelküche. Doch sie ist nicht nur »Meisterin der Torten, Kekse und Petits Fours«, wie Leonard sie scherzhaft nennt. Ohne davon zu ahnen, stehen ihr als Enkelin des einstigen Erbauers rechtmäßig Anteile des Fürstenhofs zu. Darüber entspannen sich Intrigen, die zunächst fast zur Hochzeit, damit aber auch zur vorläufigen Trennung von Leonard führen.

Mit einem Teil des Erbes, das ihr dann ausbezahlt wird, eröffnet Pauline im ehemaligen Salon ihrer Großmutter im Fürstenhof ein Cupcakegeschäft. Wo einst adlige Damen vornehm Tee nippten, türmen sich nun ihre süßen Kreationen und verzaubern ihre Kundinnen mit überraschenden Aromenkombinationen. Die Highlights im Sortiment: fruchtige, leicht scharfe Ingwer-Mango-Cupcakes, heiße Kirsch-Chili- und erfrischende Schoko-Minz-Cupcakes. Die dürfen selbstverständlich auch nicht im liebevoll vorbereiteten Picknickkorb fehlen, den Pauline zum Abschiedstreffen mit Leonard packt. Es soll ihr vorerst letztes Treffen sein, denn sie plant, nach Berchtesgaden zu ziehen und dort ihr Glück zu suchen.

Beim gemeinsamen Picknicken, Erinnern und Cupcakeessen steigt süßer Abschiedsschmerz hoch: »Ich wünschte, es wäre unser erstes Date und wir könnten noch einmal von vorne anfangen«, meint Leonard. Doch die gemeinsame Geschichte ist noch lange nicht zu Ende. Erst viel später endet sie für beide mit viel Friede, Freude, Cupcakes und Hochzeitskuchen!

Tina Colada

Für 1 Cocktailglas (mind. 35 cl Fassungsvermögen)
Zubereitung: 5 Min.

ZUTATEN:

8 cl	weißer Rum
15 cl	Ananassaft
6 cl	Kokosmilch
2 cl	Sahne
150 g	gefrorene Himbeeren
	Trinkhalme, Schirmchen, Feuerwerkstick oder ähnliche Cocktaildeko

1. Rum, Ananassaft, Kokosmilch und Sahne mit den Himbeeren in einen Blender geben. Alles auf höchster Stufe schaumig mixen, dann ins Glas gießen. Mit 1 oder 2 Trinkhalmen und viel Cocktaildeko dekorieren.

Die Henkersmahlzeit

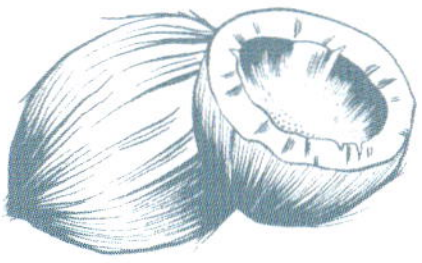

Jonas, der Großneffe der Sonnbichlers, hat in seinem jungen Leben schon ordentlich Mist gebaut: Fälschen, Klauen, Schmuggeln ... Sein Strafregister ist lang. Als ihm Tina bei seinem letzten Fehltritt aus der Patsche hilft, will er sich ihr zuliebe sogar bei der Polizei stellen. Als Dank für ihre Hilfe lädt er sie zuvor jedoch noch mal zum Essen ein. Bei dieser »Henkersmahlzeit« überrascht er sie mit diesem selbst kreierten Drink. Wer möchte, serviert ihn wie Jonas in einer ausgehöhlten Kokosnuss.

Schoko-Minze-Cupcakes

1. Den Backofen auf 175° vorheizen. Das Blech mit den Papierförmchen auslegen. Die Schoko-Minz-Täfelchen mit Sahne und Butter in einer (Metall-)Schüssel über dem heißen Wasserbad unter gelegentlichem Rühren schmelzen lassen.

2. Inzwischen Mehl und Backpulver mischen. Die Minzsahne kurz abkühlen lassen, dann Eier und Zucker gründlich mit dem Schneebesen unterrühren. Anschließend die Mehlmischung unterrühren, dann den Teig in die Förmchen füllen. Im heißen Ofen (Mitte) 20–25 Min. backen, dann herausnehmen, kurz in der Form abkühlen lassen. Die Muffins aus der Form nehmen und auf einem Kuchengitter komplett abkühlen lassen.

3. Für das Topping die Butter in Stückchen in eine Rührschüssel geben. Den Puderzucker darübersieben, alles mit den Rührbesen des Handrührgeräts in ca. 5 Min. cremig-weiß aufschlagen. Dann Limettensaft und 5–6 EL Minzsirup (je nach Intensität des verwendeten Sirups mehr oder weniger) unterrühren. Frischkäse und Quark dazugeben und alles nochmals kurz unterrühren. Das Topping in einen Spritzbeutel mit Lochtülle füllen und kreisförmige Tuffs auf die Cupcakes geben. Die Schokosticks je in 3 gleich große Stücke brechen und das Topping damit garnieren.

Das Tortenmalheur

Um Pauline zu schaden, mischt Konkurrentin Patrizia Scheuermilch in den Überzug der Hochzeitstorte von Marlene und Konstantin. Der Schuss geht nach hinten los: Pauline merkt, dass etwas nicht stimmt, und Paulines Freundin Coco lässt die Putzmitteltorte ganz »unabsichtlich« zu Boden gehen. Pauline hat inzwischen eine Idee, damit das Hochzeitspaar doch noch etwas zum Anschneiden bekommt …

Für 12 Stück
Zubereitung: 1 Std. 15 Min.

ZUTATEN:

Für die Cupcakes:

100 g	Schoko-Minz-Täfelchen (z. B. After Eight)
120 g	Sahne
100 g	Butter
250 g	Weizenmehl (Type 405 oder 550)
2 TL	Backpulver
2	Eier (Größe M)
100 g	Zucker

Für das Topping:

120 g	weiche Butter
100 g	Puderzucker
1 EL	Limettensaft
6 EL	Minzsirup
200 g	Doppelrahmfrischkäse
20 g	Magerquark
15	Schoko-Minz-Sticks (z. B. von After Eight)

Außerdem:

	12er-Muffinblech
12	Muffin-Papierförmchen
	Spritzbeutel mit großer Lochtülle (14 mm Ø)

Kirsch-Chili-Muffins

Für 12 Stück
Zubereitung: 1 Std. 15 Min.

ZUTATEN:

Für das Topping:

250 g	Zartbitterschokolade (mind. 64 % Kakaogehalt)
100 g	Nuss-Nugat
200 g	Schlagsahne
1 TL	Chiliflocken
12	schöne frische Kirschen (mit Stiel)
	goldene Zuckerperlen (Nonpareilles)

Für die Cupcakes:

1 Glas	Schattenmorellen (Sauerkirschen, Abtropfgewicht 190 g)
200 g	Zartbitterschokolade (mind. 64 % Kakaogehalt)
100 g	Butter
3	Eier (Größe M)
100 g	Zucker
100 g	Crème fraîche
200 g	Weizenmehl (Type 405 oder 550)
2 TL	Backpulver

Außerdem:

	12er-Muffinblech
12	Muffin-Papierförmchen
	Spritzbeutel mit großer Sterntülle (14 mm Ø)

1. Für das Topping Schokolade und Nugat in kleine Stücke schneiden. Die Sahne in einem Topf unter Rühren aufkochen lassen, dann vom Herd nehmen. Schokolade, Nugat und 1/3 TL Chiliflocken zugeben und unter Rühren darin schmelzen. Die Masse glatt rühren, abkühlen lassen, abdecken und 1–2 Std. im Kühlschrank durchkühlen lassen, bis sie fester wird.

2. Für die Cupcakes den Backofen auf 175° vorheizen. Das Muffinblech mit Papierförmchen auslegen. Die Kirschen in ein Sieb geben und gut abtropfen lassen, dann mit Küchenpapier möglichst trocken tupfen. Die Schokolade grob hacken und mit der Butter in einer (Metall-)Schüssel über dem heißen Wasserbad schmelzen lassen.

3. Die Schokomasse in ein Rüherschüssel geben und kurz abkühlen lassen, dann mit den Rührbesen des Handrührgeräts kräftig aufschlagen. Dabei nach und nach Zucker zugeben. Die Eier nacheinander zugeben und jeweils kräftig unterschlagen. Die Crème fraîche unterrühren. Mehl und Backpulver mischen und unterheben, zuletzt die Kirschen unterheben. Den Teig in die Förmchen füllen und im heißen Ofen (Mitte) 25–30 Min. backen. Herausnehmen und kurz abkühlen lassen, dann die Muffins herauslösen und auf einem Kuchengitter abkühlen lassen.

4. Zum Fertigstellen die kalte Schokosahne mit den Rührbesen des Handrührgeräts in 3–5 Min. aufschlagen, in einen Spritzbeutel mit Sterntülle füllen und runde Tuffs auf die Cupcakes spritzen. Die Kirschen waschen, vorsichtig trocken tupfen und jeweils eine oben auf das Topping setzen. Mit übrigen Chiliflocken und Zuckerperlen bestreuen.

Hochzeitscupcakes

... Anstelle der verdorbenen Torte backt Pauline ruckzuck Cupcakes, die sie mit weißem Fondant und pinkfarbenen Marzipanvögelchen als Zeichen der Liebe verziert. Dabei hilft ihr – ganz zum Ärger der Tortenattentäterin Patrizia – ausgerechnet Leonard. Die Hochzeit ist gerettet, Marlene und Konstantin werden mit den Cupcakes und ganz ohne Torte glücklich!

Ein unvergässlicher Antrag in Wien: Leonard Stahl (Christian Feist, r.) und Pauline Jentzsch (Liza Tzschirner, l.)

Charlotte (Mona Seefried, r.) und Friedrich Stahl (Dietrich Adam, l.) geben sich das „Ja"-Wort.

Haben gut Lachen: Natascha Schweitzer (Melanie Wiegmann, l.), und Goran Kalkbrenner (Saša Kekez, r.) beim Gesangsunterricht.

Pauline (Liza Tzschirner, r.) schlägt André (Joachim Lätsch, l.) vor, gemeinsam bei dem Konditoren-Contest anzutreten.

Werner (Dirk Galuba, M.) erklärt André (Joachim Lätsch, l.) und Michael (Erich Altenkopf, r.) zu Mann und Mann.

Ingwer-Mango-Cupcakes

1. Für das Topping 200 g Sahne in einem Topf zum Kochen bringen. Inzwischen die übrigen 100 g Sahne mit Zucker, Vanillezucker und dem Puddingpulver glatt rühren. Diese Mischung mit dem Schneebesen in die kochende Sahne einrühren und den Pudding unter Rühren ca. 1 Min. kochen lassen, vom Herd nehmen und abkühlen lassen. Dabei am besten mehrmals umrühren oder eine Frischhaltefolie direkt auf den Pudding legen, damit sich keine Haut bildet.

2. Für die Cupcakes den Backofen auf 175° vorheizen. Das Muffinblech mit Papierförmchen auslegen. Den Ingwer fein hacken und mit Mehl, Mandeln und Backpulver mischen. Die Butter mit den Rührbesen des Handrührgeräts cremig-weiß rühren, dabei nach und nach den Zucker zugeben. Die Eier einzeln nacheinander gründlich unterrühren. Anschließend Mascarpone, Milch und Orangenlikör nach Belieben unterrühren.

3. Den Teig in die Förmchen füllen und die Cupcakes im heißen Ofen (Mitte) ca. 25 Min. backen. Herausnehmen und in der Form kurz abkühlen lassen, dann die Muffins aus der Form lösen und auf einem Kuchengitter komplett abkühlen lassen.

4. Die Mango mit dem Sparschäler schälen, das Fruchtfleisch längs vom Kern schneiden. 100 g Fruchtfleisch klein schneiden und fein pürieren, den Rest in schmale Spalten oder kleine Würfel schneiden. Den kalten Pudding mit den Rührbesen des Handrührgeräts 30 Sek. durchrühren. Mascarpone und Quark zugeben und nochmals 10–15 Sek. durchmixen. Zuletzt das Mangopüree zugeben und ebenfalls höchstens 10 Sek. durchmixen. Die Mangocreme in einen Spritzbeutel mit Lochtülle füllen und kreisförmige Tuffs auf die Cupcakes spritzen. Mit Mangospalten oder -würfelchen dekorieren.

Für 12 Stück
Zubereitung: 1 Std. 15 Min.

ZUTATEN:

Für das Topping:

300 g	Sahne
3 EL	Zucker
1 Pck.	Vanillezucker
1 Pck.	Vanillepuddingpulver (zum Kochen)
1	reife Mango (ca. 350 g)
250 g	Mascarpone
250 g	Quark (20 % Fett)

Für die Cupcakes:

50 g	kandierter Ingwer
250 g	Weizenmehl (Type 405 oder 550)
50 g	gemahlene, gehäutete Mandeln
2 TL	Backpulver
100 g	weiche Butter
180 g	Zucker
2	Eier (Größe M)
100 g	Mascarpone
150 ml	Milch
2 EL	Orangenlikör (z. B. Cointreau, nach Belieben)

Außerdem:

	12er-Muffinblech
12	Muffin-Papierförmchen
	Spritzbeutel mit großer Lochtülle (14 mm Ø)

Zitronen-Lavendel-Kuchen

Für 1 Springform (24 cm Ø)
Zubereitung: 30 Min.
Backen: 40 Min.
Ruhen: 24 Std.

ZUTATEN:

	Butter für die Form
120 g	Butter
250 g	Zucker
	Salz
3	Bio-Zitronen
2 EL	Lavendelblüten
280 g	Weizenmehl (Type 405)
1 TL	Backpulver
5	zimmerwarme Eier (Größe L)
150 g	Crème fraîche
3 EL	Limoncello (ital. Zitronenlikör, nach Belieben)
150 g	Puderzucker

1. Den Backofen auf 175° vorheizen. Die Form fetten. Die Butter bei kleiner Hitze schmelzen und etwas abkühlen lassen. Zucker und 1 Prise Salz in eine Schüssel geben. Die Zitronen heiß waschen, abtrocknen, die Schale abreiben und mit 1½ EL Lavendelblüten zum Zucker geben. Alles mit den Rührbesen verrühren, bis der Zucker an feuchten Sand erinnert.

2. Inzwischen Mehl und Backpulver mischen. Die Eier zum Zucker geben und alles mit den Rührbesen in 3–5 Min. zu einer weißlichen, luftig cremigen Masse aufschlagen. Anschließend die Crème fraîche und nach Belieben den Limoncello gründlich unterrühren. Die Mehlmischung durch ein feines Sieb auf die Eiermasse sieben und möglichst kurz, aber gründlich unterrühren. Zuletzt die geschmolzene Butter zügig mit einem Teigschaber unterrühren. Den Teig in die Form füllen und im heißen Ofen (Mitte) in ca. 40 Min. goldbraun backen, dabei den Kuchen evtl. nach einiger Zeit mit Backpapier abdecken, damit er nicht zu stark bräunt.

3. Den Kuchen aus dem Ofen nehmen und auf einem Kuchengitter kurz abkühlen lassen, dann aus der Form lösen und abkühlen lassen. Dann in Frischhaltefolie einschlagen und 24 Std. durchziehen lassen.

4. Am nächsten Tag 1 Zitrone auspressen. 30 ml Saft abmessen und mit dem Puderzucker glatt rühren. Den Kuchen mit dem Guss bepinseln, mit den übrigen Lavendelblüten bestreuen. Den Guss trocknen lassen.

Das Geheimrezept

Vielleicht hätte ja bereits dieser mit Liebe gebackene Kuchen gereicht, doch Pauline möchte auf Nummer sicher gehen. Sie backt Cupcakes mit Mistelblättern nach einem geheimnisvollen Rezept aus einem Kochbuch ihrer Großmutter: Durch sie sollen sich zwei Liebende finden. Davon bekommt Patrizia Wind und es scheint zunächst, als könnte sie dieses Mal das Blatt für sich wenden. Sie vertauscht die Cupcakes, und sie bekommt anstelle von Pauline mit Leonard die beiden Lovecakes. Leider ohne erwünschte Wirkung: Leonard versetzt sie am nächsten Tag beim verabredeten Frühstück …

STAFFEL

10

Julia & Niklas

»Du bist jetzt ich« sind die letzten Worte der sterbenden Sophie Stahl an ihre Freundin Julia. Diese schwere Rolle, in die Julia gezwungen wird, führt schon kurz nach ihrer Ankunft am Fürstenhof zu größten Gefühlsverwirrungen und Verwicklungen. Als Julia Niklas begegnet, ist es für beide Liebe auf den ersten Blick. Eine verbotene Liebe allerdings, denn als Bruder der echten Sophie glaubt Niklas zunächst, seine aufkeimenden Gefühle für die falsche Schwester seien tabu. Trotzdem können beide nicht verneinen, wie sehr es zwischen ihnen gefunkt hat.

So auch bei der Schulung, bei der Niklas Julia in Fragen der gehobenen Gastronomie unterweist. Danach weiß Julia nicht nur, was Hummerzange und Schneckenbesteck sind, sondern kennt auch das wahre Geheimnis des Secreto Iberico: ein Schweinefilet, das in spanischen Schinken gewickelt und bei niedriger Temperatur gegart, saftig und butterweich auf fast verbotene Weise verführerisch mundet. Bei einem Glas Rotwein knistert es gefährlich zwischen den beiden, doch sie wissen: Ihre Liebe muss geheim bleiben.

Offene Eifersucht prägt dagegen die Beziehung zwischen Niklas und André. Als ehrgeizig aufstrebender Koch besaß Niklas bereits ein Restaurant in Barcelona, bevor es ihn zu seiner Familie an den Fürstenhof zog. Ganz zum Ärger von Chefkoch André, der äußerst gereizt auf den jungen Konkurrenten reagiert. Mit allen Mitteln versucht er, sein Revier zu verteidigen und Niklas auszustechen. So schreckt er auch beim anstehenden Kochduell gegen Niklas nicht vor Tricksereien mit seinem Bruder Werner zurück.

Werner spioniert für André den Inhalt des »Überraschungskorbs« für den Wettbewerb aus. Leider ohne Brille: Statt Lachs liest er Lamm und so erlebt André am nächsten Tag eine böse Überraschung. Shakshuka im Glas und Ricottafeigen als Dessert laufen nach Plan, doch bei zartem Lachs zu Knoblauch, mediterranen Kräutern und Oliven muss er improvisieren. Das Gericht ist in dieser Kombination ein echtes Wagnis – das am Ende doch gelingt und vor allem schmeckt. Den Sieg kann er trotzdem nicht erringen: Beide Köche haben sich tapfer geschlagen, es bleibt unentschieden.

Feigen mit Ricotta

Für 4 Personen
Zubereitung: 20 Min.

ZUTATEN:

½	Bio-Orange
250 g	cremiger Ricotta
2 EL	Puderzucker
8	große Feigen
1	kleiner Zweig Rosmarin
4 EL	Butter
3 EL	Honig
80 ml	Portwein

1. Die Orange heiß waschen und abtrocknen, die Schale abreiben und den Saft auspressen. Ricotta mit dem Puderzucker, Orangenschale und 1–2 EL -saft glatt verrühren und auf vier Schälchen verteilen.

2. Die Feigen vorsichtig waschen und längs halbieren. Den Rosmarin waschen und trocken schütteln. Die Butter mit dem Honig in einer beschichteten Pfanne schmelzen lassen. Die Feigen mit der Schnittfläche nach unten einlegen und ca. 2 Min. bei mittlerer Hitze braten. Dann vorsichtig wenden und ca. 1 Min. braten. Anschließend vorsichtig herausheben und auf der Ricottacreme verteilen.

3. Den übrigen Orangensaft mit Portwein und Rosmarin in die Pfanne geben, aufkochen und ca. 1 Min. einkochen lassen. Den Rosmarinzweig entfernen und die Sauce kurz abkühlen lassen, dann über Feigen und Ricottacreme gießen und das Dessert sofort servieren.

Secreto Iberico
mit Zwiebelkonfitüre

1. Für die Zwiebelkonfitüre die Zwiebeln schälen, längs halbieren und die Hälften quer in 2–3 mm dünne Ringe schneiden. Den Thymian waschen und trocken schütteln. Das Olivenöll in einem Topf erhitzen, die Zwiebeln langsam glasig dünsten. Dann Thymian, Piment, Lorbeer und je 1 TL Salz und Zucker zugeben und ca. 1 Min. unter Rühren mitdünsten. Alles mit Essig ablöschen und bei kleiner bis mittlerer Hitze 40–50 Min. unter gelegentlichem Rühren einkochen lassen, dabei nach der Hälfte der Zeit den Portwein unterrühren. Die Masse sollte am Ende marmeladenartig eingekocht sein. Dann vom Herd nehmen und abkühlen lassen.

2. Inzwischen den Backofen auf 100° vorheizen. Das Fleisch vorsichtig trocken tupfen. Den Thymian waschen und trocken schütteln, die Blättchen abzupfen und fein hacken. Die Medaillons leicht salzen und pfeffern. Das Öl in einer beschichteten Pfanne erhitzen. Das Fleisch bei mittlerer Hitze von beiden Seiten je ca. 1 Min. braten, herausnehmen.

3. Die Schinkenscheiben flach auslegen, jeweils ein Medaillon darauflegen und mit etwas Thymian bestreuen. Den Schinken darüberklappen und festdrücken. Die Päckchen mit der offenen Seite nach unten nebeneinander in eine ofenfeste Form legen und im heißen Ofen ca. 40 Min. garen. Herausnehmen und mit der Zwiebelkonfitüre servieren.

Für 4 Personen
Zubereitung: 25 Min.
Garen: 50 Min.

ZUTATEN:

Für die Zwiebelkonfitüre:

500 g	rote Zwiebeln
4	Zweige Thymian
3 EL	Olivenöl
3	Pimentkörner
½	Lorbeerblatt
	Salz
150 g	Zucker
150 ml	Aceto balsamico
75 ml	roter Portwein

Für die Medaillons:

8	Schweinefilet-medaillons (à 50 g)
4	Zweige Thymian
	Salz | Pfeffer
3 EL	Olivenöl
8	dünne Scheiben Serranoschinken (ca. 120 g)

Spanische Geheimnisse

Aus seiner Zeit als Restaurantbetreiber in Spanien hat Sternekoch Niklas das eine oder andere kulinarische Souvenir mitgebracht. So handelt es sich beim »Secreto« um ein Filetstück vom Ibericoschwein, das sich »geheim« zwischen Rückenspeck und Rückenmuskel verbirgt. Dieses Stück ist wesentlich zarter und saftiger als das eigentliche Filet. Für hiesiges, normales Filet hat er aber auch einen Geheimtrick parat: In Schinken wickeln und bei Niedrigtemperatur garen - so wird es garantiert zum Geheimtipp bei Gästen.

Magnolie

Niklas (Jan Hartmann, l.) und Julia, die sich noch als „Sophie" ausgibt, (Jennifer Newrkla, r.) blättern in einem alten Rezeptbuch der Familie Stah

Mit einem Lächeln geht alles leichter: Hildegard (Antje Hagen, l.), Alfons (Sepp Schauer, M.) und Charlotte (Mona Seefried, r.)

Julia (Jennifer Newrkla, l.) und Niklas (Jan Hartmann, r

erner (Dirk Galuba, r.) überlegt mit Alfons (Sepp Schauer, l.),
e er Poppy Schweitzer an sich binden kann.

Niklas (Jan Hartmann, l.) kommt „Sophie" bzw. Julia (Jennifer Newrkla, r.) gefährlich nah.

Die „Fürstenhof-Boys" Niklas Stahl (Jan Hartmann, l.), Dr. Michael Niederbühl (Erich Altenkopf, M.) und André Konopka (Joachim Lätsch, r.) proben für Werners Hochzeit.

Shakshuka im Glas

Für 4 Personen
Zubereitung: 45 Min.

ZUTATEN:

1 Zwiebel
2 Knoblauchzehen
2 rote Spitzpaprika
3 EL Olivenöl
Salz | Pfeffer
1 EL Tomatenmark
1–2 TL Harissa (nordafrikanische Chilipaste)
1 Dose stückige Tomaten (400 g)
¾ TL gemahlener Kreuzkümmel
Zucker
1 kleines Bund Koriandergrün
4 Eier (Größe S)

Außerdem:

4 hitzebeständige (Einmach-)Gläser (à ca. 400 ml)

1. Die Zwiebel schälen und würfeln, den Knoblauch ebenfalls schälen und fein würfeln. Die Spitzpaprika längs halbieren, putzen, waschen und in 1 cm große Würfel schneiden. Das Olivenöl in einer beschichteten Pfanne erhitzen, Zwiebeln und Paprika hineingeben, leicht salzen, pfeffern und unter Rühren 2–3 Min. bei großer Hitze anbraten. Dann den Knoblauch zugeben und bei mittlerer Hitze weitere 2–3 Min. braten, bis die Zwiebeln goldgelb und die Paprika weicher sind.

2. Tomatenmark und Harissa (Menge je nach gewünschter Schärfe) zugeben und ca. 1 Min. unter Rühren mit anrösten. Dann die Tomaten und 100 ml Wasser unterrühren, alles mit Kreuzkümmel, Salz und Pfeffer würzen und offen bei mittlerer Hitze 15–20 Min. garen, bis die Sauce sämiger wird. Mit Zucker abschmecken.

3. Inzwischen den Ofen auf 200° vorheizen. Den Koriander waschen und trocken schütteln, die Blättchen abzupfen und grob hacken. Die Hälfte davon unter das Paprika-Tomaten-Gemüse rühren. Dieses zügig in die Gläser füllen und mit dem Löffel eine leichte Mulde eindrücken.

4. Die Eier einzeln aufschlagen und je 1 Ei in eine Mulde gleiten lassen. Leicht salzen und pfeffern – das alles sollte schnell gehen, damit das Paprikagemüse heiß bleibt. Die Gläser im heißen Ofen (Mitte) ca. 10 Min. garen, bis die Eier gerade eben fest, die Eigelbe aber noch etwas weich sind. Die Shakshuka dem übrigen Koriander bestreuen und mit dünnen Fladenbrotscheiben zum Dippen servieren.

Lachs im Kräutermantel

Für 4 Personen
Zubereitung: 25 Min.
Kühlen: 45 Min.
Garen: 20 Min.

ZUTATEN:

75 g Toastbrot (vom Vortag, leicht angetrocknet)
1 Schalotte
1 Knoblauchzehe
40 g weiche Butter
10 schwarze Oliven (ohne Stein)
1 Zweig Rosmarin
5 Zweige Thymian
8 Stängel Petersilie
½ Bio-Zitrone
Salz | Pfeffer
4 Lachsfilets (ohne Haut, à ca. 200 g)

1. Das Brot im Blitzhacker fein zerbröseln. Schalotte und Knoblauch schälen und fein würfeln. 1 EL Butter in einem Pfännchen erhitzen, Schalotte und Knoblauch goldgelb dünsten und zum Brot geben. Die Oliven fein hacken. Die Kräuter waschen und trocken schütteln, die Blättchen bzw. Nadeln abzupfen und fein hacken. Die Zitrone heiß waschen und abtrocknen, die Schale abreiben und den Saft auspressen.

2. Oliven, Kräuter und Zitronenschale zu den Brotbröseln geben. Die übrige Butter in Flöckchen dazugeben und alles gut verkneten. Die Masse auf ein Backpapier geben und etwas glatt drücken. Ein zweites Backpapier auflegen und die Masse mit dem Teigroller ca. 5 mm dick ausrollen, dann im Papier für 30–45 Min. in den Kühlschrank legen.

3. Den Backofen auf 180° vorheizen. Die Lachsstücke kalt abspülen, und trocken tupfen, nebeneinander in eine ofenfeste Form legen und mit etwas Zitronensaft beträufeln, salzen und pfeffern. Die Kräuterbutter aus dem Kühlschrank nehmen und möglichst passgenau für die Lachsstücke zurechtschneiden, die Stücke auf den Lachs legen und leicht festdrücken. Den Lachs im heißen Ofen (Mitte) ca. 15–18 Min. garen. Anschließend herausnehmen und sofort servieren.

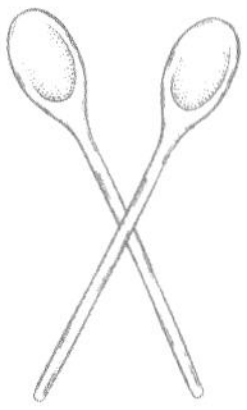

Das Kochduell

Bei der Vorspeise kann André mit seiner Shakshuka überzeugen, beim Hauptgericht punktet dagegen Niklas mit seinem Lachs mit Ricotta-Schnittlauch-Creme. Das Ganze überfordert den armen André völlig: Noch bevor Charlotte den Sieger beim dritten Gang verkünden kann, geht er ohnmächtig zu Boden. Völlig ohne Grund, wie sich danach herausstellt, denn beim Dessert lautet Charlottes Urteil ganz eindeutig: »Unentschieden!«

STAFFEL

11

Luisa & Sebastian

Liebe verändert alles und jeden. Es grenzt fast schon an Magie, dass Luisa es schafft, den ehemaligen Bad Guy Sebastian am Ende in einen aufrichtigen, treuen Ehemann zu verwandeln – fast wie im Traum des von Sebastian hypnotisierten Alfons: Darin folgt der diabolisch gekleidete Sebastian in einer musicalartigen Sequenz der guten Fee Luisa und tanzt mit ihr am Ende einträchtig zu denselben Klängen wie das ewige Liebespaar Alfons und Hildegard, zu »True Love«.

Veränderung und frischen Wind bringt die quirlige Poppy in Werners Leben. Der muss sich ihr zuliebe auf seine alten Tage nicht nur Inlineskater anschnallen. Poppy plant, einen Imbisswagen gleich neben der Bar im Garten des Fürstenhofs aufzustellen. Dort will sie Currywurst mit Sauce nach geheimem Originalrezept ihres Vaters anbieten: Würzig scharf, aber dank Orangensaft mit leicht süßlicher Note – was den Absatz der Drinks sicher heben dürfte. Werner ist von der Idee einer »Wurstbude« mitten in seinem Sternehotel allerdings eher wenig begeistert.

Rückendeckung bekommt Poppy dagegen von Charlotte und Friedrich Stahl, die nach Charlottes Trennung von Werner doch noch den Gang vor den Traualtar gewagt haben. Die Liebe der beiden währt schon beinahe eine Ewigkeit: Sie begegneten sich bereits vor Charlottes Ehe mit Werner auf schicksalhafte Weise. Als es dann auch zwischen ihnen einmal etwas kriselt, überrascht Friedrich seine Charlotte mit einem kleinen »Erinnerungsmenü«.

Serviert wird dabei »kein üppiges Mahl, aber etwas Besonderes«, wie Friedrich anmerkt: eine Flasche Champagner von 1978, dem Jahr ihres Kennenlernens, und dazu – ganz genau wie bei ihrem allerersten Rendezvous – schlichte Lachsschnittchen mit Meerrettich, die damals noch als etwas ganz Exquisites galten. Charlotte ist gerührt ob der Mühe, die ihr Mann sich gemacht hat, und zeigt sich versöhnt – spätestens als Friedrich ihr versichert: »Nichts von diesem Tag werde ich je vergessen, denn es war der vielleicht wichtigste meines Lebens.«

First-Date-Lachsschnittchen

Für 4 Personen
Zubereitung: 15 Min.
Kühlen: 30 Min.

ZUTATEN:

1 EL	Preiselbeerkompott (aus dem Glas)
1 TL	Dijonsenf
60 g	weiche Butter
	Salz | Pfeffer
½	Baguette
250 g	Graved Lachs mit Dillkruste in Scheiben
2	Stängel Dill

1. Die Preiselbeeren mit Senf und Butter mit einer Gabel gründlich vermengen, mit Salz und Pfeffer würzen. Die Masse glatt streichen und im Kühlschrank wieder etwas fester werden lassen.

2. Das Baguette in 8 Scheiben schneiden, diese jeweils dünn mit der Butter bestreichen. Die Lachsscheiben etwa auf Brotgröße zerteilen und darauflegen. Den Dill waschen und trocken schütteln, dann in längeren Spitzen abzupfen und die Schnittchen damit garnieren.

Currywurst à la Poppy

Für 4 Personen
Zubereitung: 40 Min.

ZUTATEN:

2	Schalotten
5 EL	Pflanzenöl zum Braten
1 EL	Rohrzucker
3 EL	Currypulver
1 EL	Tomatenmark
200 g	Tomatenketchup
100 ml	Orangensaft
1 TL	Weißweinessig
	Salz | Pfeffer
4	gebrühte Kalbsbratwürste

Außerdem:

Pappschälchen zum Servieren

1. Die Schalotten schälen, fein würfeln und in 2 EL Öl bei kleiner bis mittlerer Hitze goldgelb und schön weich dünsten. Dann den Zucker und 2 EL Currypulver darüberstäuben und unter Rühren kurz mitrösten, das Tomatenmark zugeben und ebenfalls kurz mitrösten. Anschließend das Ketchup und den Orangensaft zugeben und gründlich unterrühren. Alles unter Rühren aufkochen, dann mit Essig, Salz und Pfeffer würzen. Die Sauce offen bei kleiner Hitze 10–15 Min. sämig einkochen lassen, dann mit Salz, Pfeffer und etwas Curry abschmecken.

2. Kurz vor Ende der Garzeit die Würste beidseitig in ca. 1 cm Abstand leicht schräg einschneiden. Die übrigen 3 EL Öl in einer kleinen Pfanne erhitzen und die Würste bei kleiner bis mittlerer Hitze rundum leicht braun braten. Dabei nicht zu heiß werden lassen, damit sie nicht platzen. Dann die Würste herausnehmen, in mundgerechte Stücke schneiden und in Pappschälchen geben. Die warme Currysauce darübergeben und mit dem übrigen EL Currypulver bestäuben.

Wahlkampf-Würstchen

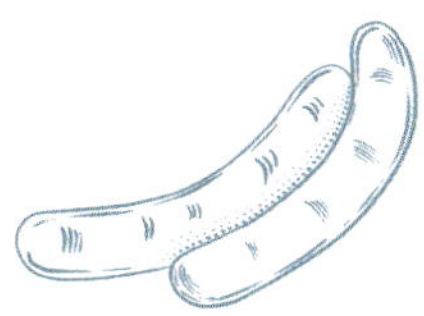

Am Ende eröffnet Poppy ihren Imbisswagen nicht im Fürstenhof, sondern mithilfe von André Konopka im Dorf. Der setzt sich nicht ganz uneigennützig für Poppy ein: Da er für das Amt des Bürgermeisters von Bichlheim kandidieren möchte, setzt er auf Currywurst statt Freibier, um Wählerstimmen zu gewinnen. Selbst Gegenkandidat Michael greift da gerne zu. Ganz zur Empörung von Ehefrau Natascha: „Wie kannst Du nur die feindliche Propagandawurst verputzen!« Michael kontert verständnislos: »Probier erst mal, die ist tatsächlich fantastisch.« Wahlkampf hin, Wahlkampf her, wo er recht hat, hat er recht …

Sebastian Wegener (Kai Albrecht, r.) gesteht Luisa Reisinger (Magdalena Steinlein, l.) seine Liebe.

Norman Kowald (Niklas Löffler, l.) staunt über Tina Kesslers (Christin Balogh, r.) neues Haustier, Hummer Oskar.

Musicalfolge zum 10-jährigen Jubiläum: Page Werner (Dirk Galuba, l.), und Heiratsschwindler André (Joachim Lätsch, r.) singen und tanzen zu dem Song „Money makes the world go round".

Poppy (Birte Wentzek, r.) hat eine Überraschung für Werner (Dirk Galuba, l.).

ur gute Freunde? Clara Morgenstern (Jeannine Michèle
acker, v.) und Adrian Lechner (Max Alberti, h.)

Friedrich (Dietrich Adam, 2. v. l.) stellt sich vor Charlottes (Mona Seefried, l.)
Augen der Polizei, als Kriminalhauptkommissar Meyser (Christoph Krix, 3.v.r.)
Beatrice (Isabella Hübner, 2.v.r.) in Handschellen abführt.

Spaghetti Carbonara

Für 4 Personen
Zubereitung: 25 Min.

ZUTATEN:

150 g	geräucherter fetter Bauchspeck
400 g	Spaghetti
75 g	frisch geriebener Pecorino
75 g	frisch geriebener Parmesan
6	frische Eigelb (Größe M)
	Pfeffer aus der Mühle

1. Falls nötig, die Schwarte vom Speck wegschneiden, dann den Speck in schmale Streifen schneiden. Die Nudeln nach Packungsanweisung in reichlich Salzwasser gerade al dente garen – am besten 1–2 Min. vor der angegebenen Kochzeit einmal probieren, sie sollten auf keinen Fall zu weich werden!

2. Während die Nudeln kochen, die Hälfte des Pecorinos mit dem gesamten Parmesan mischen. Die Eigelbe in einem Schälchen mit 100 g Käsemischung mit einer Gabel verrühren, dabei das Eigelb nicht schaumig rühren. Den Speck in einer hohen, beschichteten Pfanne bei mittlerer Hitze goldbraun und leicht knusprig braten, dann mit einem Schaumlöffel aus der Pfanne heben. Die Pfanne samt Fett bei kleiner Hitze auf dem Herd warm halten.

3. Die Nudeln in ein Sieb abgießen, das Kochwasser dabei auffangen. 150 ml Wasser abnehmen und ca. 1 Min. abkühlen lassen, dann zügig mit der Eier-Käse-Mischung verrühren. Die Nudeln in die Pfanne mit dem Bratfett geben und die Eier-Käse-Mischung darübergießen. Alles bei mittlerer Hitze unter Rühren erwärmen und gut mischen, falls nötig noch etwas Nudelkochwasser zugeben. Sobald die Sauce cremig angedickt ist, den Speck untermischen, die Pfanne vom Herd nehmen und mit Pfeffer übermahlen. Mit dem übrigen Pecorino servieren.

Manchmal hilft nur Pasta

Stress im Job oder mit den Frauen - kein Wunder, dass Arzt Michael Niederbühl ab und zu etwas Seelenfutter braucht. So sind Nudeln, die ja bekanntlich glücklich machen, genau richtig, und Spaghetti Carbonara sein absolutes Lieblingsgericht. Damit die so richtig seelenschmeichlerisch cremig gelingen, muss das zugegebene Wasser zwar warm, darf aber auf keinen Fall zu heiß sein, sonst gibt es anstelle von Sauce gestocktes Rührei.

STAFFEL

12

Clara & Adrian

Als Clara an den Fürstenhof kommt, trifft sie dort unverhofft ihre Sandkastenliebe Adrian wieder. Der hat ihr einst schon ins Poesiealbum geschrieben, dass er sie eines Tages heiraten werde. Während für sie bald klar ist, dass der Freund aus Kindertagen der Mann fürs Leben ist, braucht es noch Zeit und einige Umwege, bis sie zueinander finden. Als William, der lange verschollen geglaubte Bruder Adrians, auftaucht, erwachen alte, lang verborgene Gefühle in Adrian: Eifersucht auf den Jüngeren und Sehnsucht nach Clara.

»Was würde ich nur ohne dich machen, Zuckermaus«, offenbart sich Adrian eines Abends in angetrunkenem Zustand. Eine Anspielung auf Claras Angewohnheit als Kind, immer die Zuckerperlen und den Guss vom Kuchen herunterzunaschen. Er erinnert sich an die alte Kränkung, immer der Ältere und Vernünftigere sein zu müssen, aber auch daran, dass Clara ihn schon immer verstanden hat. Der darauffolgende Kuss wird zum Versprechen für eine gemeinsame Zukunft …

Während bei Clara und Adrian endlich die Hochzeitsglocken läuten, reicht Natascha die Scheidung von Michael ein. Kurz darauf bereut sie das und sucht ein Mittel, sich mit ihm auszusöhnen. Sie findet es zufällig in Form eines Kuchens, den Melli gebacken hat: als Abschiedsgeschenk für ihre Tochter Clara. Die gutmütige Melli überlässt Natascha ihren liebevoll gebackenen Gugelhupf, der ohnehin als Liebesgabe gedacht war!

Aus Sorge um seine Mutter kehrt Robert an den Fürstenhof zurück: Charlotte hat ihr Gedächtnis verloren und glaubt nun, in einer Welt wie vor 30 Jahren zu leben! Wie Robert weiß, können bestimmte Speisen das Unterbewusste anregen. Deshalb kocht er ein einst eigens für sie kreiertes Gericht, Goulash de cerf – edles Hirschgulasch mit Trüffel. Gemeinsam hacken sie Zwiebeln, dünsten sie an, löschen mit Rotwein ab und reden … Und auch wenn die Erinnerung nicht sofort wiederkommt, finden Mutter und Sohn beim Kochen wieder Berührungspunkte und liebevolle Momente.

Zuckermaus-kuchen

Für 1 Kastenform (30 cm)
Zubereitung: 25 Min.
Backen: 60 Min.

ZUTATEN:

Für den Kuchen:

1	Vanilleschote
200 g	Marzipanrohmasse
5 EL	Amaretto (ital. Mandellikör)
	Salz
200 g	weiche Butter
180 g	Zucker
2 ml	Bittermandelaroma
6	Eier (Größe L)
250 g	Weizenmehl (Type 405 oder 550)
1½ TL	Backpulver
50 g	gemahlene, gehäutete Mandeln
	Butter und Mehl für die Form

Für die Deko:

125 g	weiße Schokoglasur
	bunte Zuckerkugeln

1. Den Backofen auf 170° vorheizen. Die Form fetten und ausstäuben. Die Vanilleschote läng aufschneiden, das Mark herauskratzen. Das Marzipan würfeln, mit 3 EL Amaretto, Vanillemark und 1 Prise Salz glatt rühren. Die Butter in Stücken unterrühren, den Zucker einrieseln lassen, die übrigen 2 EL Amaretto mit dem Bittermandelaroma unterrühren.

2. Die Eier einzeln unter die cremige Buttermasse rühren. Mehl, Backpulver und Mandeln mischen, zur Eimasse geben und alles zügig untermischen. Den Teig in die Form füllen und im heißen Ofen (unten) 50–60 Min. backen, dabei gegen Ende der Backzeit mit Backpapier abdecken. Zum Testen, ob der Kuchen fertig ist, mit einem Holzstäbchen tief einstechen; klebt noch Teig daran, muss er noch ein paar Min. im Ofen bleiben.

3. Den Kuchen aus dem Ofen nehmen und in der Form etwas abkühlen lassen, dann stürzen und vollständig auskühlen lassen. Dann die Glasur nach Packungsanweisung schmelzen und auf dem Kuchen verteilen. Gleich die Deko aufstreuen und den Guss fest werden lassen.

Gugelhupf

Für eine Gugelhupfform (2 l Inhalt)
Zubereitung: 25 Min.
Ziehen: 8 Std.
Ruhen: 2 Std. 45 Min.
Backen: 1 Std.

ZUTATEN:

150 g	Rosinen
5 EL	Rum (ersatzweise schwarzer Tee)
5 EL	gebrühter schwarzer Tee
¾	Würfel Hefe (ca. 30 g)
125 g	Zucker
200 ml	Milch
200 g	weiche Butter
2	Eier (Größe M)
500 g	Weizenmehl (Type 405 oder 550)
	Salz
	Butter für die Form
	ganze geschälte Mandeln für die Form
	Puderzucker zum Bestäuben

1. Die Rosinen in einer kleinen Schüssel mit etwas kochendem Wasser übergießen und ca. 5 Min. stehen lassen, dann in ein Sieb abgießen und abtropfen lassen. Rum und Schwarztee in einem kleinen Topf aufkochen, die Rosinen hineingeben und zugedeckt über Nacht ziehen lassen.

2. Am nächsten Tag die Hefe in ein kleines Schälchen bröckeln und mit 1 TL Zucker bestreuen. Die Milch lauwarm erhitzen, 100 ml über die Hefe gießen und mit einem Löffel gründlich rühren, bis sich die Hefe aufgelöst hat. Zugedeckt an einem warmen Ort 10–15 Min. stehen lassen.

3. Die Butter in Stücke schneiden, in eine Rührschüssel geben und mit den Rührbesen des Handrührgeräts cremig-weiß rühren, dabei den übrigen Zucker nach und nach einrieseln lassen. Die Eier einzeln zugeben und nacheinander jeweils gründlich unterrühren.

4. Das Mehl mit 1 Prise Salz mischen und in die Schüssel geben. Den Hefeansatz und die übrige (möglichst noch lauwarme) Milch dazugeben. Alles mit den Knethaken des Handrührgeräts untereinanderarbeiten und 6–7 Min. kräftig durchkneten, bis ein glatter, leicht glänzender Teig entstanden ist. Zuletzt die Rosinen samt Einweichflüssigkeit und die gehackten Mandeln unterkneten. Die Schüssel mit einem sauberen Tuch abdecken und den Teig an einem nicht zu warmen Ort 1 Std.–1 Std. 30 Min. gehen lassen.

5. Die Gugelhupfform mit Butter ausfetten und in jede Rille am Boden eine Mandel legen. Den Teig einmal durchkneten, in die Form füllen und nochmals ca. 1 Std. zugedeckt gehen lassen.

6. Den Backofen auf 180° vorheizen. Den Gugelhupf im heißen Ofen (unten) in 50–60 Min. goldbraun backen – damit er nicht zu stark bräunt, evtl. gegen Ende der Backzeit mit Backpapier abdecken. Dann aus dem Ofen nehmen und auf einem Kuchengitter ca. 15 Min. abkühlen lassen. Den Kuchen auf das Gitter stürzen und vollständig abkühlen lassen. Den Gugelhupf am besten einen Tag durchziehen lassen, dann vor dem Servieren mit Puderzucker bestäuben.

Clara Morgenstern (Jeannine Michèle Wacker, r.) und Adrian Lechner (Max Alberti, l.)

Alfons Sonnbichler (Sepp Schauer, l.) kürt Tina Kessler (Christin Balogh, M.), vor Oskar Reiter (Philip Butz, r.) zur neuen Bierkönigin.

Natascha (Melanie Wiegmann, vorne M.) genießt ihre Party mit Michael (Erich Altenkopf, vorne M.), Charlotte (Mona Seefried, vorne r.), Alfons (Sepp Schauer, vorner r.), Melli (Bojana Golenac, vorne l.), Werner (Dirk Galuba, hinten l.) und weiteren Gästen.

ara (Jeannine Wacker, l.) und Adrian (Max Alberti, r.)

Hildegard (Antje Hagen, h.r.) beoabachtet Alfons (Sepp Schauer, v.l.) und seine Tochter Melli Konopka (Bojana Golenac, v.r.).

Hirschgulasch
mit Trüffel

1. Das Fleisch in ca. 2 cm große Stücke schneiden, evtl. Sehnen und Häutchen dabei entfernen. Die Zwiebel schälen und klein würfeln. Möhre und Sellerie schälen und in ca. 5 mm dicke Würfel schneiden. Thymian waschen und trocken schütteln.

2. Den Backofen auf 180° vorheizen. 3 EL Öl in einem ofenfesten (Gusseisen-)Bräter erhitzen und das Fleisch portionsweise bei großer Hitze rundum anbraten, salzen, pfeffern und herausnehmen. Dann den übrigen EL Öl zum Bratfett geben, erhitzen und die Zwiebel darin glasig dünsten. Möhre und Sellerie zugeben und 3–4 Min. unter Rühren bei mittlerer bis großer Hitze braten. Das Tomatenmark unterrühren und ca. 1 Min. unter Rühren mitrösten. Mit einem guten Schuss Wein ablöschen, diesen fast vollständig verkochen lassen, dann nochmals mit etwas Wein ablöschen und diesen erneut verkochen lassen.

3. Den übrigen Wein und den Fond zugießen. Das Fleisch wieder in den Bräter geben und alles aufkochen lassen. Wildgewürz, Wacholderbeeren, Lorbeerblatt und Thymian zugeben, salzen und pfeffern. Den Bräter mit einem Deckel verschließen und im heißen Ofen (unten) 1 Std. 30 Min. schmoren lassen, dabei zwischendurch noch ein- bis zweimal umrühren und evtl. etwas Wasser oder Fond nachgießen.

4. Den Bräter aus dem Ofen nehmen. Das Fleisch mit einem Schaumlöffel aus der Sauce heben. Die Sauce durch ein feines Sieb gießen und auffangen. Ganze Gewürze aus dem Sieb fischen, das Gemüse gut ausdrücken oder evtl. sogar passieren. Das Fleisch wieder in die Sauce geben und diese mit Johannisbeergelee, Salz und Pfeffer abschmecken. Zuletzt die Trüffelbutter in der Sauce schmelzen lassen. Nach Belieben vor dem Servieren den Trüffel dünn über das Ragout hobeln. Dazu passen Semmelknödel oder Bandnudeln.

Für 4 Personen
Zubereitung: 40 Min.
Garen: 1 Std. 30 Min.

ZUTATEN:

1 kg	Hirschfleisch (Schulter oder Keule)
1	große Zwiebel
1	Möhre
100 g	Knollensellerie
2	Zweige Thymian
4 EL	Pflanzenöl zum Braten
	Salz | Pfeffer
1 EL	Tomatenmark
½ l	trockener Rotwein
400 ml	Wildfond (aus dem Glas)
1 TL	gemahlenes Wildgewürz
3	Wacholderbeeren
1	kleines Lorbeerblatt
1 EL	Johannisbeergelee
3 EL	Trüffelbutter (Fertigprodukt)
1	kleiner schwarzer Trüffel (nach Belieben)

STAFFEL

13

Rebecca & William

Am Ende entpuppt sich »Mrs. Wrong« doch als die einzig Richtige: Noch bevor William eine Beziehung mit Ella beginnt, flirtet er mit Rebecca per SMS unter den Kürzeln »Mr. und Mrs. Wrong«. Dass die beiden Frauen beste Freundinnen sind, macht die Sache nicht einfacher. Und so bleibt es lange unentschieden, für wen sich William am Ende entscheidet. Wohl nicht zuletzt, weil er bereits kurz zuvor selbst eine ähnlich unglückliche Dreiecksbeziehung durchleben musste, am Ende derer er seine Jugendliebe Clara an seinen älteren Bruder Adrian verlor.

Ähnlich kompliziert geht es auch bei den Saalfelds zu. Viktor und Boris geben ihrem Vater Christoph Saalfeld die Schuld daran, dass ihre Mutter einst die Familie verließ. Auch das von Christoph inszenierte gemeinsame Versöhnungsessen im Fürstenhof, bei dem Christoph seine neue Verlobte Alicia vorstellen möchte, ändert wenig daran. Dabei legt sich Christoph mächtig ins Zeug und lässt sogar extra einen «Papa-Spezial-Kapitänsteller» servieren: lauter norddeutsche Fischspezialitäten wie Matjes, Herings- und Krabbensalat, die er in ähnlicher Form früher in Ermanglung eigener Kochkünste wenigstens eigenhändig auf dem Fischmarkt für die Kinder kaufte.

Sohn Viktor verschlägt es allerdings bereits vor dem ersten Bissen den Appetit: Alicia, die neue Frau an Christophs Seite, entpuppt sich just als jene schöne Unbekannte, in die er sich kurz zuvor verliebt hat. Ein Grund mehr, auf Konfrontationskurs mit seinem Vater zu gehen. Das Versöhnungsessen endet in völligem Schiffbruch, Viktor verlässt wütend das Restaurant.

Sein Bruder Boris dagegen macht gute Miene zum bösen Spiel, denn er braucht Christophs Geld für eine Start-up-Idee. Er möchte Zutaten für schnelle, aber raffinierte Gerichte als »Schmausebox« anbieten. Dafür entwickelt Köchin Tina die Rezepte, z. B. ein Hähnchengeschnetzeltes mit Melisse, dem ihre selbst entwickelte Gewürzmischung den besonderen Pfiff verleiht. Über das aromatische Hähnchen kommt ein leicht säuerlich thymianduftendes Gewürz zum Einsatz, das der orientalischen Mischung Zatar ähnelt.

Hähnchen-geschnetzeltes
mit Melisse und Tinas Gewürzmischung

Für 4 Personen
Zubereitung: 35 Min.

ZUTATEN:

600 g	Hähnchenbrustfilet
3	Schalotten
4 EL	Butterschmalz
1 EL	Honig
5	Stängel Melisse
1 EL	Mehl
100 ml	trockener Weißwein
300 ml	Hühnerbrühe (oder Fond aus dem Glas)
200 g	Sahne
1	Bio-Zitrone
1 EL	Zatar (orientalische Gewürzmischung)

1. Das Fleisch in kleine Stücke schneiden. Die Schalotten schälen und fein würfeln. Die Melisse waschen und trocken schütteln. In einer beschichteten Pfanne 3 EL Butterschmalz erhitzen, das Fleisch bei großer Hitze rundum anbraten, salzen, pfeffern und aus der Pfanne nehmen. Den übrigen EL Butterschmalz in der Pfanne schmelzen lassen, die Schalotten glasig dünsten. Den Honig darübergeben und bei mittlerer Hitze karamellisieren lassen, dann 2 Stängel Melisse zugeben. Das Mehl darüberstäuben und 2–5 Sek. rühren, mit Wein ablöschen und um etwa die Hälfte einkochen lassen.

2. Die Brühe zugießen und bei mittlerer Hitze um etwa die Hälfte einkochen lassen. Die Sahne zugeben, ca. 10 Min. bei mittlerer Hitze einkochen lassen. Die übrigen Melisseblätter abzupfen und in Streifen schneiden. Die Zitrone heiß waschen und abtrocknen, die Schale abreiben und den Saft auspressen.

3. Das Fleisch in der Sauce erwärmen. Die Zitronenschale kurz mitgaren, dann alles mit 2–3 EL Zitronensaft, Salz und Pfeffer würzen. Die Melisseblättchen unterrühren und das Geschnetzelte mit dem Zatar bestreuen. Dazu passt Reis.

Papa-Spezial-Kapitänsteller

Für 4 Personen
Zubereitung: 1 Std.
Kühlen: 2 Std.

ZUTATEN:

Für den Heringssalat:

250 g Bismarckhering
200 g gegarte Rote Bete (vakuumverpackt)
1 säuerlicher Apfel
1 rote Zwiebel
2 Essiggurken
1 TL Kapern
1 TL Senf
2 EL Weißweinessig
4 EL Sonnenblumenöl
200 g Schmand
2 EL saure Sahne
Zucker

Für den Krabbensalat:

300 g geschälte, gegarte Nordseekrabben
1 Mini-Salatgurke
2 Frühlingszwiebeln
150 g Joghurt
4 EL Mayonnaise
3 EL Zitronensaft
1 TL trockener Vermouth (z. B. Noilly Prat, nach Belieben)
Chilipulver
½ Bund Dill

Außerdem:

Salz | Pfeffer
2 rote Zwiebeln
½ Bund Petersilie
4 Matjesfilets

1. Für den Heringssalat die Heringsfilets abtropfen lassen und nach Belieben die Haut abziehen, anschließend quer in Stücke schneiden. Die Rote Bete in knapp 1 cm große Würfel schneiden. Den Apfel schälen, vierteln, das Kerngehäuse entfernen und die Viertel 1 cm groß würfeln. Rote Bete und Apfel mischen. Die Zwiebel schälen und in feine Würfel schneiden, Gewürzgurken und Kapern abtropfen lassen und fein hacken.

2. Den Senf kräftig mit Essig und Öl verrühren, Schmand und saure Sahne untermischen. Mit Salz, Pfeffer und 1–2 Prisen Zucker würzen und evtl. noch 1–2 EL Gurkensud unterrühren. Zuerst Zwiebel, Gurken, Kapern und die Rote-Bete-Apfel-Mischung mit dem Dressing verrühren, bis sich alles schön pink färbt, dann die Heringe unterheben. Den Salat zugedeckt 1–2 Std. im Kühlschrank ziehen lassen.

3. Für den Krabbensalat die Krabben in ein Sieb geben, kalt abbrausen und abtropfen lassen. Die Gurke schälen, längs halbieren und die Kerne mit einem Teelöffel herauskratzen. Das Fruchtfleisch klein würfeln. Die Frühlingszwiebeln putzen, waschen, trocken schütteln und mit dem Grün in feine Ringe schneiden. Joghurt, Mayonnaise, 2 EL Zitronensaft und nach Belieben Vermouth glatt rühren. Mit Salz, Pfeffer und 1–2 Prisen Chilipulver würzen. Den Dill waschen und trocken schütteln, die Spitzen abzupfen, fein hacken und mit den Krabben unter das Dressing heben. Alles noch mal mit Zitronensaft, Salz und Pfeffer abschmecken.

4. Die rote Zwiebel schälen und fein würfeln. Die Petersilie waschen und trocken schütteln, die Blättchen abzupfen. Den Heringssalat in hohe Gläser füllen, den Krabbensalat in kleinere Schälchen. Je ein Glas und ein Schälchen auf einem Teller platzieren. Je 1 Matjesfilet rund zusammenrollen, evtl. mit einem Zahnstocher fixieren und auch auf den Teller legen. Die Zwiebeln in den Matjes füllen und je ein paar Blättchen Petersilie als Strauß einstecken. Mit Pumpernickel servieren.

Rebecca Herz (Julia Alice Ludwig, l.) und William Newcombe (Alexander Milz, r.)

Turbulentes Familienessen: Alicia Lindbergh (Larissa Marolt, l.) mit Christoph Saalfeld (Dieter Bach, 2. v. l.) und dessen Söhnen Boris (Florian Frowein, 2. v. r.) und Viktor (Sebastian Fischer, r.).

Beatrice Stahl (Isabella Hübner, l.) und Charlotte Saalfeld (Mona Seefried, r.)

Babyparty: v.l.n.r. Boris Saalfeld (Florian Frowein, l.), Natascha Schweitzer (Melanie Wiegmann, 2.v.l.), Melli Konopka (Bojana Golenac, 3.v.l.), Hildegard Sonnbichler (Mitte), Tina (Christin Balogh, 3.v.r.) und Ella (Victoria Licht, 2.v.r.) Kessler und Nils Heinemann (Florian Stadler, r.)

harlotte (Mona Seefried, 5.v.l.) und Werner (Dirk Galuba, 3.v.r.) geben sich im reise ihrer Familie und vor ihren Trauzeugen Robert (Lorenzo Patané, 2.v.l.) und ndré (Joachim Lätsch, r.) erneut da "Ja"-Wort.

Boris (Florian Frowein, l.) bietet Tina (Christin Balogh, r.) eine Zusammenarbeit an.

Rote Grütze

mit Vanillesauce

1. Für die Grütze die Früchte und Beeren vorsichtig waschen und abtropfen lassen. Johannisbeeren von den Rispen streifen, die Erdbeeren putzen und die Beeren je nach Größe halbieren oder vierteln, Kirschen halbieren und entsteinen. Tiefgekühlte Beeren auftauen lassen.

2. Die Vanilleschote längs aufschneiden, das Mark mit einem spitzen Messer herauskratzen. Mark und Schote mit 40 g Zucker und Fruchtsaft in einen Topf geben und unter Rühren aufkochen lassen. Die Stärke mit 4 EL kaltem Wasser glatt rühren und in den kochenden Saft rühren. Alles 2–3 Min. köcheln lassen, bis es bindet, dann Beeren und Früchte zugeben und bei kleiner Hitze 1–3 Min. mitgaren. Nach Belieben den Likör unterrühren, dann alles abkühlen lassen und die Vanilleschote entfernen.

3. Inzwischen für die Sauce je 200 ml Milch und Sahne in einen Topf geben. Die Vanilleschote längs halbieren, das Mark mit einem spitzen Messer herauskratzen. Mark und Schote in den Topf geben und alles bei kleiner Hitze 5 Min. leicht köcheln lassen, dabei gelegentlich umrühren.

4. Inzwischen Stärke und Zucker mit den übrigen 50 ml Milch glatt rühren, dann die Eigelbe gründlich unterrühren. Die Vanilleschote aus dem Topf fischen, die Eigelb-Stärke-Mischung unter Rühren eingießen und unter Rühren bei mittlerer Hitze leicht kochen lassen, bis die Sauce andickt. Vom Herd nehmen und abkühlen lassen.

5. Zum Servieren die Grütze auf Teller oder Schälchen verteilen und mit der kalten Vanillesauce servieren.

Für 4 Personen
Zubereitung: 40 Min.
Kühlen: 1 Std.

ZUTATEN:

Für die Grütze:

600 g	gemischte Beeren und rote Früchte (z. B. Kirschen, Erdbeeren, rote und schwarze Johannisbeeren, Him- und Heidelbeeren, frisch oder TK)
½	Vanilleschote
80 g	Zucker
600 ml	Sauerkirschsaft
3½ EL	Speisestärke
2 EL	Cassislikör (nach Belieben)

Für die Vanillesauce:

250 ml	Milch
250 g	Sahne
1	Vanilleschote
1 EL	Speisestärke
60 g	Zucker
2	frische Eigelb (Größe M)

Menü à la Christoph

Mit Christophs Kochkünsten ist es nicht weit her. Eier kochen kann er und – man staune – auch rote Grütze! Immerhin, gar nicht schlecht für den Anfang.

STAFFEL

14

Alicia & Viktor

Auch wenn Christoph im wahrsten Sinne wie ein Wahnsinniger um Alicia kämpft, gewinnt am Ende Sohn Viktor ihre Liebe, und die beiden heiraten. Bruder Boris befreit sich ebenfalls vom väterlichen Druck und bekennt sich zu seinem Freund Tobias, der ihm lange nur heimlich Pasta kochen durfte. Als sich beide offen und spontan »trauen«, springt sogar Vater Christoph über seinen Schatten und sorgt dafür, dass die Hochzeit stattfinden kann.

Für Romy und Paul ist dagegen noch lange kein Happy End in Sicht. Hier scheint gerade aller Anfang schwer, auch wenn Romy mächtig verknallt ist. Köchin Tina und Mitbewohner Nils versuchen, dem Glück der beiden mit einem romantischen Candle-Light-Dinner auf die Sprünge zu helfen: ingwerscharf anmachendes Möhrensüppchen, danach Rinderfilet mit Schoko-Chili-Sauce und zum Schluss Erdbeer-Tiramisu, das selbst müde Liebhaber auf Trab bringen sollte. Die ganzen anregenden Köstlichkeiten nützen nichts, Paul macht sich noch vor dem Hauptgang aus dem Staub und am Ende löffeln Tina und Nils das Dessert …

Wie verbindend gemeinsames Löffeln sein kann, erleben Robert und Tochter Valentina. Als sie Liebeskummer quält, bringt ihr alter Herr sie auf andere Gedanken: mit einem Becher voller Eis, Waffeln, Schirmchen und Amarettokirschen, die sie voller Begeisterung herausfischt, weil sie ihr als Kind verboten waren. »Jetzt bist du fast erwachsen!«, meint Robert. Sie kontert: »Und du ziemlich alt … Aber der beste Papa der Welt!«

Um seinen Ruf als Koch muss André fürchten. Er hat dummerweise vor seiner Ex Melli, die gerade aus Tokio zurückgekehrt ist, mächtig angegeben und versprochen, sie original japanisch zu bekochen. Zurück in der Hotelküche ist er verloren. Seine Onsen Tomago, Eier, die in Japan traditionell in heißen Quellen cremig gegart werden, sind am Ende steinhart. Um sich nicht völlig zu blamieren, bestellt er alles, was er später Melli auftischt, bei einem japanischen Restaurant. Melli ist begeistert und ihrem Ex wieder sehr zugetan … Am nächsten Tag fliegt der Schwindel allerdings auf, als Page Peter André die in der Lobby liegen gebliebene Rechnung des japanischen Restaurants präsentiert.

Trost-Eisbecher
für Valentina

Für 4 Personen
Zubereitung: 45 Min.

ZUTATEN:

Für die Amarettokirschen:

300 g	TK-Sauerkirschen
300 g	Zucker
4 EL	Amaretto (ital. Mandellikör)
1 EL	Zitronensaft
4	Tropfen Bittermandelaroma

Für den Eisbecher:

200 g	Schlagsahne
1 Pck.	Vanillezucker
900 g	gemischtes Eis nach Wahl (z. B. Vanille, weiße Schokolade, Stracciatella)
	Amarettokirschen
	Waffelröllchen, Schirmchen und andere bunte Verzierung

1. Die Kirschen etwas antauen lassen, dann mit Zucker in einem Topf mischen und unter gelegentlichem Rühren zum Kochen bringen. Bei mittlerer Hitze 10–15 Min. offen köcheln lassen, bis sich der Zucker vollständig gelöst hat und Kirschsaft austritt. Den Saft dann in weiteren 15–20 Min. sirupartig einkochen lassen. Amaretto, Zitronensaft und Bittermandelaroma zugeben und weitere 5 Min. köcheln lassen, dann in saubere Twist-off-Gläser füllen, sofort verschließen und abkühlen lassen. Fest verschlossen und kühl gelagert halten sich die Kirschen mehrere Monate.

2. Für den Eisbecher die Sahne mit den Rührbesen des Handrührgeräts steif schlagen, dabei gegen Ende den Vanillezucker einrieseln lassen. Aus dem Eis Kugeln abstechen und in Eisbecher geben, dabei zwischen die Kugeln immer ein paar Amarettokirschen geben. Die Sahne daraufgeben und mit etwas Kirschen und Sirup beträufeln. Den Eisbecher mit Waffelröllchen und Schirmchen verzieren.

Ingwer-Möhren-Cremesüppchen

1. Die Möhren putzen, schälen und in dünne Scheiben schneiden. Die Kartoffel schälen, waschen und klein würfeln. Die Schalotten und den Ingwer getrennt schälen und klein würfeln. Die Orange heiß waschen und abtrocknen, die Schale abreiben, den Saft auspressen.

2. Die Butter in einem Topf schmelzen lassen, die Schalotten andünsten. Die Möhren zugeben, mit Currypulver, Salz und Pfeffer würzen und alles kurz unter Rühren mitdünsten. Den Ingwer unterrühren, dann alles mit der Hälfte des Orangensafts ablöschen. Anschließend Brühe und Kartoffeln sowie ½ TL Orangenschale zugeben und zum Kochen bringen, salzen und pfeffern. Die Hitze reduzieren und alles zugedeckt bei mittlerer Hitze 25–30 Min. köcheln lassen, währenddessen nach und nach den übrigen Orangensaft unter die Suppe rühren.

3. Inzwischen die Sahne mit den Rührbesen des Handrührgeräts gerade eben steif schlagen, dabei gegen Ende 1 kleine Prise Muskatnuss unterrühren. Dann nach Belieben den Koriander waschen und trocken schütteln, die Blättchen abzupfen und grob zerschneiden.

4. Die Suppe mit Limettensaft, Salz und Pfeffer abschmecken. Weitere 1–2 Min. köcheln lassen, dann fein pürieren. Die Suppe auf tiefe Teller verteilen, je einen Klecks Muskatsahne daraufgeben und mit etwas Orangenschale und Koriandergrün bestreuen.

Für 4 Personen
Zubereitung: 25 Min.
Garen: 35 Min.

ZUTATEN:

- 700 g Möhren
- 1 kleine mehligkochende Kartoffel
- 2 Schalotten
- 1 Stück frischer Ingwer (ca. 5 cm)
- 1 Bio-Orange
- 2 EL Butter
- ½ TL Currypulver
- Salz | Pfeffer
- 1 l Gemüsebrühe
- 100 g Sahne
- frisch geriebene Muskatnuss
- 4 Stängel Koriandergrün (nach Belieben)
- 2 EL frisch gepresster Limettensaft

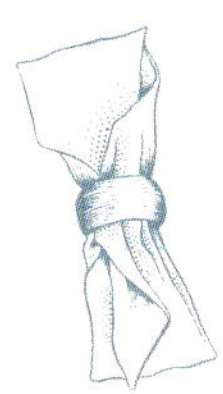

Sagen Sie jetzt nichts ...

»Du hast da was ... An deinem Mund ...«, meint Paul beim Suppelöffeln zu Romy. Ein erster Annäherungsversuch ...? Leider nicht, sondern eine allergische Reaktion von Romy auf die Muskatnuss. Die gibt der Suppe zwar noch etwas besonderen Pfiff, kann aber zur Not auch mal entfallen.

Rinderfilet
mit Schoko-Chili-Sauce

1. Das Rinderfilet ca. 30 Min. vor der Zubereitung aus dem Kühlschrank nehmen und Zimmertemperatur annehmen lassen. Den Thymian waschen und trocken schütteln. Den Backofen auf 80° vorheizen. Das Filet trocken tupfen. Das Öl in einer ofenfesten Pfanne erhitzen, das Filet rundum bei großer Hitze anbraten. Salzen, pfeffern, Butter und Thymian zugeben und die Butter bei kleiner Hitze schmelzen lassen. Das Fleisch mit Butter überträufeln, dann im heißen Ofen (unten) ca. 1 Std. 30 Min. garen, dabei zwei- bis dreimal vorsichtig wenden. Wer ein Fleischthermometer hat, sticht es vor dem Gang in den Ofen von vorne längs ins Filet: Bei 60° Kerntemperatur ist das Fleisch perfekt rosa gegart.

2. Für die Sauce die Schalotten schälen und fein würfeln. Das Olivenöl in einem Topf erhitzen, die Schalotten bei kleiner Hitze weich dünsten. Tomatenmark und Zucker unterrühren und bei großer Hitze etwas anrösten, dann unter Rühren mit 1½ EL Aceto balsamico, Wein, Portwein und Fond ablöschen. Kräuter und Chilis waschen, die Wacholderbeeren grob zerdrücken und alles mit den Pfefferkörnern in den Topf geben. Die Flüssigkeit bei mittlerer Hitze offen auf etwa die Hälfte einkochen lassen.

3. Die Sauce vom Herd nehmen, durch ein Sieb in einen zweiten Topf gießen und mit Salz, Pfeffer und 1–2 Spritzern Aceto balsamico abschmecken. Die Schokolade unterrühren und in der Sauce schmelzen lassen. Wer möchte, kann die Sauce noch mit Chilipulver nachschärfen. Das Filet aus dem Ofen nehmen, den Bratensaft unter die Sauce rühren. Das Fleisch in Scheiben schneiden und mit der Sauce servieren.

Für 4 Personen
Zubereitung: 25 Min.
Garen: 1 Std. 30 Min.

ZUTATEN:

Für das Filet:

800 g	Rinderfilet (Mittelstück)
2	Zweige Thymian
	Salz | Pfeffer
2 EL	Olivenöl
1½ EL	Butter

Für die Sauce:

2	Schalotten
2 EL	Olivenöl
1 TL	Tomatenmark
1 EL	Rohrzucker
2 EL	Aceto balsamico
100 ml	trockener Rotwein
100 ml	Portwein
300 ml	Rinderfond (aus dem Glas)
2	Zweige Thymian
1	Zweig Rosmarin
2	kleine rote Chilischoten
3	Wacholderbeeren
1/3 TL	schwarze Pfefferkörner
20 g	Zartbitterschokolade
	Chilipulver (nach Belieben)

Hochzeit von Alicia und Viktor: v.l.n.r. Werner (Dirk Galuba), Viktor (Sebastian Fischer), Alicia (Larissa Marolt), Hildegard (Antje Hagen), Tina (Christin Balogh) und Boris (Florian Frowein)

Dr. Michael Niederbühl (Erich Altenkopf, l.), und Paul Lindbergh (Sandro Kirtzel, r.) treten beim Fingerhakeln gegeneinander an. Jessica Bronckhorst (Isabell Ege) und die Sonnbichlers (Sepp Schauer und Antje Hagen) fiebern mit.

Werner (Dirk Galuba, Mitte) schwelgt mit seinen Kindern an seinem 75. Geburtstag in Erinnerungen. v.l.n.r. Robert (Lorenzo Patané, l.), Alexander (Gregory B. Waldis, hinten l.), Sandra (Sarah Stork, vorne l.), Moritz (Daniel Fünffrock, hinten r.), William (Alexander Milz, vorne r.) und Konstantin (Moritz Tittel, r.)

Junge Liebe: Valentina Saalfeld (Paulina Hobratschk, l.) und Fabien Liebertz (Lukas Schmidt, r.)

ristoph (Dieter Bach, vorne l.), Alicia (Larissa Marolt, hinten) und ktor (Sebastian Fischer, vorne r.) kümmern sich sorgenvoll um den geschossenen Boris (Florian Frowein, vorne Mitte).

Boris Saalfeld (Florian Frowein, l.) gesteht Tobias Ehrlinger (Max Beier, r.) seine Liebe.

Erdbeer-Tiramisu

Für 4 Personen
Zubereitung: 30 Min.
Kühlen: 30 Min.

ZUTATEN:

400 g	reife Erdbeeren
1	Vanilleschote
4 EL	Puderzucker
150 g	Sahne
250 g	Mascarpone
8	Löffelbiskuits
250 ml	kalter Espresso
3 EL	Amaretto (ital. Mandellikör, nach Belieben)
8	Amaretti (ital. Mandelmakronen)
2 EL	gehackte Pistazien

1. Die Erdbeeren waschen und putzen, 4 schöne Beeren beiseitelegen, den Rest in Stückchen schneiden. Die Vanilleschote längs aufschneiden und das Mark herauskratzen. Etwa die Hälfte des Marks mit der Hälfte der Beeren mischen, 1 EL Puderzucker zugeben und alles grob pürieren, dann die Beerenstückchen unterrühren.

2. Die Sahne in ein hohes Mixgefäß geben und mit den Rührbesen des Handrührgeräts steif schlagen, dabei gegen Ende nach und nach die übrigen 3 EL Puderzucker einrieseln lassen. Den Mascarpone mit dem übrigen Vanillemark glatt rühren, anschließend die Sahne behutsam, aber gründlich unterheben.

3. Die Löffelbiskuits einmal quer halbieren. Den Espresso in eine kleine Schüssel geben und nach Belieben mit Amaretto mischen. Jeweils einen halben Löffelbiskuit kurz rundum in der Kaffeemischung wenden und in ein Dessertglas geben, die Biskuitsstücke gleichmäßig auf 4 Gläser verteilen. Jeweils 2–3 EL Mascarponemasse darauf verteilen, darauf das Erdbeerpüree, mit einer Schicht Mascarpone abschließen. Die Gläser mit Frischhaltefolie abdecken und das Tiramisu mind. 30 Min. im Kühlschrank durchziehen lassen.

4. Inzwischen die Amaretti fein zerbröseln. Die übrigen Erdbeeren längs in feine Fächer schneiden. Zum Servieren die Amarettibrösel auf das Tiramisu streuen, jeweils eine aufgefächerte Erdbeere auflegen und alles mit Pistazien bestreuen.

Kein Liebesmenü

Der lukullische Verkupplungsversuch von Romy und Paul ging am Ende leider völlig schief. Aber beflügelt durch das gemeinsame Kochen, das Essen, die Kerzen und nicht zuletzt die Garnelen fasst sich Nils endlich ein Herz: »Darf ich dich küssen?« Seine Frage bleibt von Tina unbeantwortet und beide versuchen die heikle Situation zu überspielen. Tina gibt ihm zu verstehen, dass sie nur »gute Freunde« sind, was Nils dann auch tapfer einsieht, »ein für alle Mal«.

Misosuppe
mit Onsen Tamago

1. Den Seidentofu in ca. 1½ cm große Würfel schneiden. Die Frühlingszwiebeln waschen, trocken schütteln und mit dem Grün in dünne Ringe schneiden. Die Dashibrühe aufkochen und warm halten.

2. 1–2 Kellen Brühe abnehmen, die Misopaste zugeben und unter Rühren darin auflösen. Die Misobrühe zurück in den Topf geben, alles nach Belieben mit Sojassauce abschmecken. Die Algen zugeben und 1–2 Min. ziehen lassen. Tofu und Frühlingszwiebeln in die Suppe geben, diese auf Schalen verteilen und heiß servieren.

3. Für die Onsen Tamago so viel Wasser in einen Topf füllen, dass die Eier später ca. 5 cm bedeckt sind. Das Wasser auf 75° erhitzen (dafür das Thermometer verwenden!), gleichzeitig in einem Wasserkocher etwas Wasser erhitzen. Die Eier vorsichtig mit einem Schaumlöffel in den Topf geben und 13 Min. bei 75° garen. Die Temperatur fällt durch die kalten Eier kurzzeitig ab, darum etwas heißes Wasser nachgießen. Die Temperatur während der ganzen Kochzeit im Auge behalten: Sie sollte immer rund 75° betragen (sollte die Temperatur zu sehr steigen, etwas kaltes Wasser zugeben, sollte sie stärker fallen, heißes nachgießen).

4. Während die Eier garen, Dashi, Mirin, Zucker und Sojasauce unter Rühren aufkochen, dann vom Herd nehmen. Die Frühlingszwiebeln waschen und trocken schütteln, das Grün in feine Ringe schneiden (den weißen Teil anderweitig verwenden).

5. Die Eier aus dem Wasser heben und für 1–2 Min. in eine Schüssel mit kaltem Wasser legen. Dann die Eier jeweils einzeln vorsichtig über einer kleinen Schale aufbrechen und das cremige Innere hineingleiten lassen. Zum Servieren seitlich etwas von der Würzbrühe angießen und die Eier mit dem Zwiebelgrün bestreuen. Alternativ die Eier in der Misosuppe anrichten und mit Zwiebelgrün bestreut servieren.

Für 4 Personen
Zubereitung: 40 Min.

ZUTATEN:

Für die Misosuppe:

100 g	Seidentofu
2	Frühlingszwiebeln
800 ml	Instant-Dashibrühe (aus dem Bio- oder Asienladen)
4 EL	Misopaste (Sojabohnenpaste, aus dem Bio- oder Asienladen)
2 EL	Instant-Wakame-Algen
1 EL	Sojasauce (nach Belieben)

Für die Onsen Tamago:

4	im Kühlschrank gekühlte, frische Eier (Größe M)
200 ml	Instant-Dashibrühe (aus dem Bio- oder Asienladen)
2 EL	Mirin (japanische Reisweinmischung)
1 TL	Zucker
90 ml	Sojasauce
2	Frühlingszwiebeln

Außerdem:

Digital- oder Ofenthermometer

Zweierlei Marathon-Pasta

Für 4 Personen
Zubereitung: 20 Min.

ZUTATEN:

Für Pasta Aglio e Olio:

1	Peperoncino (ital. lange Chilischote, nach Belieben)
1	Bund Petersilie
4	Knoblauchzehen
100 ml	Olivenöl
	Pfeffer

Für Pasta mit Salbeibutter:

20	Salbeiblätter
100 g	Butter
	Pfeffer

Außerdem:

500 g	Spaghetti
	frisch geriebener Parmesan zum Bestreuen

1. Die Nudeln nach Packungsanweisung in einem großen Topf in reichlich Salzwasser al dente kochen.

2. Inzwischen für die Aglio e Olio die Chilischote putzen und längs halbieren, die Kerne entfernen und die Hälften fein hacken. Die Petersilie waschen und trocken schütteln, die Blättchen abzupfen und grob zerschneiden. Den Knoblauch schälen und klein würfeln. Das Öl in einer hohen Pfanne leicht erhitzen, Knoblauch und Chili bei kleiner Hitze dünsten, bis der Knoblauch duftet ohne zu bräunen.

3. Die Spaghetti in ein Sieb abgießen, das Kochwasser dabei auffangen. 100 ml Kochwasser in die Pfanne geben, Nudeln und Petersilie zugeben und alles ca. 1 Min. gründlich in der Pfanne schwenken. Mit frischem Parmesan zum Bestreuen und Pfeffer servieren.

4. Alternativ für die Salbeibutter die Salbeiblätter sauber abreiben und quer in 2–3 mm breite Stücke schneiden. Die Butter in einem Pfännchen bei kleiner Hitze schmelzen, die Salbeiblätter zugeben und 3–5 Min. bei kleiner Hitze andünsten. Die Hitze erhöhen, bis die Butter leicht schäumt und die Salbeiblätter leicht knusprig werden.

5. Spaghetti in ein Sieb abgießen, dabei das Kochwasser auffangen. Die Nudeln in die Pfanne geben und sofort 5–6 EL Kochwasser darübergeben. Alles gut mischen, mit Pfeffer übermahlen und kurz in der Pfanne ziehen lassen. Mit frischem Parmesan zum Bestreuen servieren.

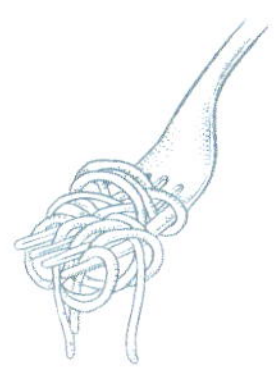

Kohlenhydrate satt

Als Vorbereitung für den gemeinsamen Marathonlauf lädt Tobias Boris zum Nudelessen ein. Der sagt im letzten Moment mal wieder ab, weil er sich nicht gegen seinen Vater durchsetzen kann. So bleibt der arme Tobias auf einer doppelten Portion Pasta sitzen.

STAFFEL

15

Denise & Joshua

Die Liebesgeschichte zwischen Denise und Joshua gestaltet sich geheimnisvoll, märchenhaft. Bereits zu Beginn erblickt Denise ihren Traummann im »Magischen Spiegel«, den sie von ihrer Schwester Annabelle geschenkt bekam. Die verhält sich ansonsten aber weniger wie eine liebende (Halb-)Schwester, sondern eher wie die boshafte Stiefmutter von Schneewittchen: Sie versucht Denise mehrmals zu erschlagen, vergiften und zu ertränken. Am Ende siegt aber das bzw. die Gute: Denise kann ihren Märchenprinzen heiraten.

Roberts Ehe mit seiner zweiten Frau Eva steckt dagegen in der Krise. Ein Anlass dafür ist ausgerechnet Christoph. Zwischen ihm und Eva scheint sich etwas anzubahnen. Anderseits wissen Robert und Eva um ihre besondere Beziehung und finden auch im Alltag immer wieder Momente der Nähe und Zärtlichkeit. »Wenn Du mich richtig, richtig glücklich machen willst ...«, dann muss Robert Saltimbocca alla romana für Eva kochen – vielleicht ja, weil diese kleinen Kalbsschnitzelchen sie an die gemeinsame, glücklichere Zeit in Italien erinnern ...

Als Köchin Tinas neuer Traummann am Fürstenhof auftaucht, ist sie zunächst geschockt: Ragnar Sigurdson, der »Albtraum ihrer Kindheit«, ist aus Island zurückgekehrt. Er hat sie in der Schule, nach eigenen Worten, »gemobbt, veräppelt, ihr Stolperfallen gestellt ...« und, noch viel schlimmer, »vor allen geküsst«! Auch am Fürstenhof setzt er zunächst alles daran, sie zu ärgern: von nicht vorhandenen Schnecken im bestellten Salat, den er reklamiert, bis hin zu ihrer Wohnung, die er als Eigentümer räumen lassen will.

Doch Tina weiß sich inzwischen zu wehren und serviert ihm eiskalt chilischarf brennendes Tatar. Ragnar versucht cool zu bleiben, auch wenn ihm Tränen in die Augen schießen. Vielleicht weil er ahnt, dass es inzwischen auch bei Tina gefunkt hat. Was sich liebt, das neckt sich eben, und bald erkennen beide, dass ihnen ernst miteinander ist. Tina lässt sich sogar mit isländischem Plokkfiskur bekochen, einem leicht breiigen Fisch-Kartoffel-Gericht, dem sie zu Ragnars Entsetzen gerne noch Koriandergrün zugeben würde. Ein Vorgeschmack auf die gemeinsame Zukunft in Island!

Saltimbocca alla romana

Für 4 Personen
Zubereitung: 25 Min.

ZUTATEN:

50 g	Butter
8	dünne Kalbsschnitzel (aus der Nuss, à ca. 60 g)
8	große Salbeiblätter
8	Scheiben dünn geschnittener Parmaschinken
2 EL	Olivenöl
	Salz | Pfeffer
125 ml	trockener Weißwein
8	Holzspießchen (Zahnstocher)

1. Von der Butter 20 g in Würfel schneiden und auf einem Teller ins Frostfach stellen. Die Schnitzelchen mit dem Fleischklopfer flach klopfen. Die Salbeiblätter sauber reiben. Je 1 Schinkenscheibe auf ein Schnitzel legen (dafür evtl. auf Fleischgröße zuschneiden), ein Salbeiblatt auflegen und beides mit einem Holzspießchen am Fleisch fixieren.

2. Das Öl und die übrigen 30 g Butter in einer großen, beschichteten Pfanne erhitzen. Die Schnitzelchen beidseitig jeweils 2–3 Min. bei mittlerer Hitze braten, herausnehmen und auf der Fleischseite nur leicht salzen (der Schinken ist sehr salzig) und pfeffern. Zugedeckt warm halten.

3. Den Bratensatz mit Weißwein ablöschen, den Wein aufkochen. Die Butterwürfel aus dem Frostfach nehmen und nacheinander mit dem Schneebesen zügig einrühren. Die Hitze reduzieren, die Schnitzelchen mit der Fleischseite nach unten einlegen und kurz heiß werden lassen. Anschließend auf Teller verteilen, mit Sauce beträufeln und servieren.

Tatar von Lachs & Avocado

Für 4 Personen
Zubereitung: 1 Std.
Kühlen: 1 Std. 30 Min.

ZUTATEN:

Für das Lachstatar:

250 g	ganz frisches Lachsfilet (ohne Haut)
80 g	Räucherlachs (in Scheiben)
1	Schalotte
½	Limette
1 TL	Meerrettich (aus dem Glas)
1 EL	Crème fraîche
	Salz | Pfeffer

Für das Avocodotatar:

3	Tomaten
1	Frühlingszwiebel
⅓	Bund Schnittlauch
2	reife Avocados
	Saft von ½ Limette
1 TL	Olivenöl
	Salz | Pfeffer
2 Msp.	Chilipulver

Zum Dekorieren:

3	bunte Mini-Paprika
8	Physalis
	etwas Schnittlauch
2	Dessertringe (8 und 6 cm Ø)

1. Den Lachs kalt abspülen, trocken tupfen und mit dem Räucherlachs mit einem großen, scharfen Messer möglichst fein würfeln – dabei nicht stark drücken oder hacken, sonst wird das Tatar zu Mus! Die Schalotte schälen und ebenfalls möglichst fein würfeln. Die Limette heiß waschen und abtrocknen, die Schale abreiben und den Saft auspressen. Den Lachs mit knapp 1 TL Limettenschale, 1 TL -saft, Meerrettich und Crème fraîche verrühren und mit Salz und Pfeffer würzen. Zugedeckt im Kühlschrank 1 Std. ziehen lassen.

2. Inzwischen für das Avocadotatar die Tomaten unten kreuzweise einschneiden, mit kochendem Wasser übergießen und 10 Min. stehen lassen. Abgießen und die Haut mit einem scharfen Messer abziehen. Die Tomaten halbieren, die Kerne und das weiche Innere mit einem Teelöffel entfernen. Das Fruchtfleisch klein würfeln. Die Frühlingszwiebel putzen, waschen und trocken schütteln. Den weißen Teil längs vierteln, die Viertel fein würfeln, den grünen Teil in feine Ringe schneiden. Den Schnittlauch waschen, trocken schütteln und in Röllchen schneiden.

3. Die Avocados halbieren, Kern und Schale entfernen. Das Fruchtfleisch klein würfeln, in eine Schüssel geben und sofort mit Limettensaft beträufeln, damit es nicht braun wird. Tomaten, Frühlingszwiebeln, Schnittlauch und Olivenöl untermischen. Das Tatar mit Salz, Pfeffer und Chilipulver pikant abschmecken, dann 15–30 Min. zugedeckt im Kühlschrank ziehen lassen.

4. Für die Deko die Mini-Paprika halbieren, putzen, waschen und möglichst klein würfeln. Die Physalis waschen und vierteln. Den Schnittlauch waschen, trocken schütteln und in Röllchen schneiden.

5. Den größeren Dessertring auf einen Teller legen, mit einem Viertel Avocadotatar befüllen und dieses leicht festdrücken. Auf das Avocadotatar vorsichtig den kleineren Dessertring setzen, ein Viertel des Lachstatars einfüllen und leicht festdrücken. So alle 4 Teller anrichten. Die Tatartürmchen mit Paprikawürfeln, Physalis und Schnittlauch garnieren.

Joshua Winter (Julian Schneider, l.) macht Denise Saalfeld (Helen Barke, r.) einen romantischen Heiratsantrag.

Paul Lindbergh (Sandro Kirtzel, l.) und Romy Ehrlinger (Désirée von Delft, r.) sind glücklich, dass ihr großer Tag gekommen ist.

Eva (Uta Kargel, l.) und Robert (Lorenzo Patané, r.)

Denise (Helen Barke, r.) verabschiedet sich von ihrem Vater Christoph (Dieter Bach, l.).

Tina (Christin Balogh, Mitte l.) und Ragnar Sigurdson (Jeroen Engelsman, Mitte r.). heiraten im Kreise ihrer Lieben.

Die ungleichen Saalfeld-Schwestern: Annabelle (Jenny Löffler, l.) und Denise (Helen Barke, r.)

Ragnars Plokkfiskur

1. Den Fisch auf Gräten untersuchen und diese entfernen. Dann den Fisch in 4–5 cm große Stücke schneiden, leicht salzen und pfeffern. Den Fond nach Belieben mit Wein in einem Topf aufkochen. Die Hitze reduzieren, den Fisch einlegen und bei kleiner Hitze 6–7 Min. zugedeckt garen. In ein Sieb abgießen, dabei den Sud auffangen.

2. Die Kartoffeln in kleine Würfel schneiden. Die Zwiebel schälen und fein würfeln. Die Butter in einem Topf schmelzen lassen, die Zwiebel bei kleiner Hitze langsam glasig dünsten. Das Mehl darüberstäuben und unter Rühren bei mittlerer Hitze 1–2 Min. anschwitzen, ohne es zu bräunen. Nach und nach 150 ml Fischfond zugießen, dabei kräftig mit dem Schneebesen durchrühren, damit sich keine Klümpchen bilden, dann die Milch zugießen. Mit Senf, Salz, Pfeffer und Muskatnuss würzen und offen 10 Min. leicht köcheln lassen.

3. Inzwischen den Fisch mithilfe von 2 Gabeln in kleinere Stückchen zerpflücken. Den Dill waschen und trocken schütteln, die Spitzen abzupfen und fein hacken. Fisch und Kartoffeln in die Sauce geben und unter leichtem Rühren erhitzen, dabei sollten Fisch und Kartoffeln leicht zerfallen und sich sämig mit der Sauce verbinden, sodass eine festere, fast breiige Masse entsteht. Sollte die Sauce zu dick sein, etwas warmen Fischfond unterrühren. Nochmals mit Salz und Pfeffer abschmecken und den Dill unterrühren. Plokkfiskur wird traditionell mit bzw. auf gebutterten Schwarzbrotscheiben gegessen.

Für 4 Personen
Zubereitung: 30 Min.

ZUTATEN:

600 g	weißes Fischfilet (z. B. Kabeljau oder Seelachs)
	Salz | Pfeffer
400 ml	Fischfond (aus dem Glas)
50 ml	trockener Weißwein (nach Belieben)
500 g	geschälte, gekochte Kartoffeln (Reste vom Vortag)
1	Zwiebel
3 EL	Butter
2 EL	Mehl
400 ml	Milch
1 TL	Dijonsenf
4	Stängel Dill

Außerdem:

Schwarzbrot in Scheiben
Butter

Frisches Grün

Tina hat recht, das Gericht kann ruhig etwas frisches Grün vertragen – auch wenn das in Island eher rar ist. Frische Kräuter wie Dill, Schnittlauch oder auch mal Estragon oder Kerbel geben dem Plokkfiskur deutlich mehr Pep.

STAFFEL

16

Franzi & Tim

Kein Ritter in glänzender Rüstung, aber immerhin ein einsamer, unbekannter Reiter hilft der jungen Obstbäuerin Franzi nach einer Fahrradpanne. Sie ist sofort so verzaubert, dass sie vergisst, nach seinem Namen zu fragen. Erst nach und nach lüftet sich sein dunkles Geheimnis: Es handelt sich um Tim, den verschollenen Zwillingsbruder von Boris Saalfeld.

Bei der Geburt entführt, wuchs Tim in Thailand auf und kehrte erst nach dem Tod der Pflegeeltern nach Deutschland zurück. So ist es kaum verwunderlich, dass er Franzi beim gemeinsamen Date mit waschechtem Thaicurry beglückt. Das Ergebnis ist mittelprächtig, »der Reis ein bisschen zu hart, das Gemüse ein bisschen verkocht, aber dafür alles schön salzig«. Zum Glück weiß Tim seine Unzulänglichkeiten als Koch beim gemeinsamen Tanz wettzumachen.

Tims stärkster Konkurrent ist Steffen, der Franzi Geld für ihren großen Traum leiht: selbst produzierter Cidre, den sie unter dem Namen Spatzl anbietet. Passend zum goldgelben Apfelwein werden in der Fürstenhof-Küche Gerichte für eine »Cidre-Woche« entwickelt: saftige Cheeseburger mit Cidre-flambiertem Bacon und zum Nachtisch Mini-Tartelettes mit in Cidre marinierten Äpfeln.

Dabei ahnen weder Steffen noch dessen Mutter Linda, wie eng sie in Beziehung zum bisherigen Schicksal von Tim stehen: Dirk Baumgartner, Lindas Mann, gab einst den Auftrag zu Tims Entführung. Schon lange von Dirk getrennt, hat die gelernte Konditorin Linda inzwischen in Bichlheim ihr Café Liebling eröffnet, das vor allem für seine Haselnusstorte berühmt ist.
Eine kleine, durchaus ernst zu nehmende Konkurrenz für das Fürstenhof-Restaurant und vielleicht auch Anlass für André, sich einmal mit Motto-Menüs zu versuchen. So bewirtet er Rosalie und Michael mit Gerichten, die auf der letzten Mittagskarte der 1912 gesunkenen Titanic standen. Stilecht in Kapitänsuniform und mit Nebelhorngetute serviert er Potted Shrimps, Chicken à la Maryland und Schoko-Eclairs. Es mundet vorzüglich! Keine Gefahr also, die Hotelküche ist auf Kurs und nicht vom Untergang bedroht!

Chicken à la Maryland

Für 4 Personen
Zubereitung: 20 Min.
Marinieren: 1 Std.
Garen: 50 Min.

ZUTATEN:

4	Hähnchenbrustfilets (à ca. 220 g)
500 g	Buttermilch
2	Eier (Größe M)
	Salz | Pfeffer
200 g	Semmelbrösel
100 g	Weizenmehl
100 g	Butterschmalz
3	reife, feste Bananen
3 EL	Butter

1. Die Hähnchenfilets längs halbieren, in einer Schüssel mit der Buttermilch mischen und ca. 1 Std. zugedeckt im Kühlschrank marinieren. Dann aus der Marinade nehmen, trocken tupfen, pfeffern und salzen.

2. Den Backofen auf 220° vorheizen. Die Eier in einem tiefen Teller verquirlen, leicht salzen und pfeffern, Mehl und Semmelbrösel ebenfalls jeweils in tiefe Teller geben. Das Butterschmalz in einem Topf schmelzen lassen. Ein Drittel davon in eine Bratreine geben. Die Hähnchenfilets nacheinander erst in Mehl wenden, dabei überschüssiges abschütteln, dann in Ei und zuletzt in den Bröseln wenden, diese gut andrücken. Die Filets in die Reine legen und mit dem übrigen Butterschmalz beträufeln.

3. Im heißen Ofen (Mitte) ca. 25 Min. garen, dann wenden und weitere 25 Min. garen. Kurz vor Ende der Garzeit die Bananen schälen und in ca. 1 cm dicke Scheiben schneiden. Die Butter in einer beschichteten Pfanne schmelzen, die Bananen bei mittlerer Hitze beidseitig goldbraun braten. Mit den fertigen Hähnchenstücken servieren.

Panang Gai

Für 4 Personen
Zubereitung: 35 Min.

ZUTATEN:

500 g	Hähnchenbrustfilet
1	rote Paprika
1	rote Zwiebel
10	Kaffir-Limetten-blätter
1	Dose Kokosmilch (400 ml)
3 EL	Panang-Currypaste
2 EL	Erdnussmus (aus dem Glas)
100 ml	Hühnerbrühe
3 EL	Fischsauce (Nam Pla)
1 EL	Rohrzucker
3	Stängel Thai-Basilikum
	Salz

1. Das Hähnchenfilet kalt abbrausen, mit Küchenpapier trocken tupfen und in kleine Stücke schneiden. Die Paprika vierteln, putzen, waschen und die Viertel längs in schmale Streifen schneiden. Die Zwiebel schälen und längs in feine Spalten schneiden. Kaffir-Limettenblätter waschen, 4 davon abnehmen und die dicke Mittelrippe innen wegschneiden, die beiden Blatthälften dann quer in ganz feine Streifen schneiden.

2. Die Kokosmilchdose öffnen – vorher nicht schütteln. Von der festen, rahmigen Schicht oben 2 EL abnehmen und mit 2–3 EL Currypaste in einem Wok oder einem Topf erhitzen. Bei mittlerer bis großer Hitze unter Rühren so lange braten, bis alle Flüssigkeit verdampft ist und das Fett austritt. Nochmals 2–3 EL Kokosrahm und das Erdnussmus zugeben und den Vorgang wiederholen. Das Fleisch zugeben und unter Rühren 1–2 Min. mitbraten. Paprika und Zwiebel zugeben, alles weitere 1-2 Min. braten. Falls nötig Kokosmilch zugeben, damit nichts anbrennt.

3. Die übrige Kokosmilch zugießen (dabei 1–2 EL zurückbehalten), mit Fischsauce und Zucker würzen und die ganzen Kaffir-Limettenblätter zugeben. Das Curry bei kleiner bis mittlerer Hitze zugedeckt 8–10 Min. garen, falls nötig etwas Wasser zugeben.

4. Inzwischen Basilikum waschen und trocken schütteln, die Blätter abzupfen und etwas zerzupfen. Den Topf vom Herd nehmen, das Basilikum unterrühren. Das Curry nochmals mit Zucker und Fischsauce (oder Salz) abschmecken. Die zurückbehaltene Kokosmilch über das Curry träufeln, mit den Kaffir-Limettenstreifen bestreuen und servieren. Dazu passt thailändischer Duftreis (Jasminreis).

Right here waiting

Auch wenn das Panang-Curry bei Tim nicht ganz so gelingt: Beim gemeinsamen Lied küssen sich beide nach dem Essen selbstverloren. Doch keine Sorge, bei diesem Rezept kann eigentlich nichts schiefgehen; nur bei der Menge der Currypaste sollte man sich entscheiden: sanft anmachen oder richtig scharf aufs Ganze gehen.

Café
Liebling

Haselnusstorte

Für 1 Springform (24 cm Ø)
Zubereitung: 40 Min.
Backen: 40 Min.
Ruhen: 2 Tage

ZUTATEN:

Für die Torte:

40 g	Eierbiskuit (Eierplätzchen, Fertigprodukt; ersatzweise Löffelbiskuit)
300 g	gemahlene Haselnüsse
7	Eier (Größe M)
	Salz
250 g	Zucker
3 EL	Rum (nach Belieben)
	Butter und Mehl für die Form

Für die Nuss-Buttercreme:

1 Pck.	Vanillepuddingpulver zum Kochen
4 EL	Zucker
500 ml	Milch
250 g	weiche Butter
70 g	Haselnusscreme (aus dem Glas)
5 EL	Amaretto (ital. Mandellikör, nach Belieben)
180 g	Preiselbeerkompott
12	schöne Haselnüsse

1. Den Backofen auf 180° vorheizen. Die Form fetten und ausstäuben. Biskuits im Blitzhacker sehr fein mahlen. Brösel mit den Nüssen mischen.

2. Eier trennen, die Eiweiße mit einer Prise Salz steif schlagen, dabei gegen Ende 2 EL Zucker zugeben und kurz mitschlagen. Eigelbe in einer Rührschüssel cremig rühren, nach und nach den übrigen Zucker zugeben. Zuletzt den Rum unterrühren. Eischnee und Nuss-Brösel-Mischung sorgfältig unter die Eigelbmasse heben.

3. Den Teig in die Form füllen und gleichmäßig glatt streichen. Im heißen Ofen (unten) ca. 20 Min. backen. Dann die Temperatur auf 150° herunterschalten und den Teig in weiteren 30–40 Min. backen, dabei evtl. mit einem Backpapier abdecken. Anschließend den Kuchen aus dem Ofen nehmen, auf einem Kuchengitter lauwarm abkühlen lassen, stürzen und vollständig auskühlen lassen. In Frischhaltefolie an einem kühlen Ort (oder im Kühlschrank) 1-2 Tage durchziehen lassen.

4. Puddingpulver mit Zucker und 5 EL Milch verrühren. Übrige Milch aufkochen, angerührtes Puddingpulver unter Rühren zugießen und einmal unter Rühren aufkochen lassen. Vom Herd nehmen und abkühlen lassen, dabei mehrmals durchrühren, damit sich keine Haut bildet.

5. Butter mit den Rührbesen des Handrührgeräts cremig-weiß rühren, dann nach und nach den Pudding und die Nusscreme unterrühren – alles sollte ungefähr dieselbe Temperatur haben.

6. Den Kuchen zweimal waagrecht durchschneiden. Den unteren Boden nach Belieben mit der Hälfte Amaretto beträufeln, dann mit dem Preiselbeerkompott bestreichen. Zweiten Boden auflegen und nach Belieben mit übrigem Amaretto beträufeln. Die Hälfte der Buttercreme gleichmäßig darauf verstreichen und den dritten Boden auflegen. Die Torte dann ringsherum und obenauf mit der übrigen Buttercreme bestreichen, dabei etwas für die Deko übrig lassen. Übrige Buttercreme in einen Spritzbeutel füllen und 12 Tupfen ringsum am Rand aufspritzen, jeweils 1 Haselnuss eindrücken. Vor dem Servieren einige Stunden zugedeckt im Kühlschrank durchziehen lassen.

Franzi Krummbiegl (Léa Wegmann, l.) und Tim Saalfeld (Florian Frowein, r.)

Ariane Kalenberg (Viola Wedekind, hinten) will Christoph Saalfeld (Dieter Bach, vorne) unter den Trümmern des «Fürstenhofs» begraben.

Tim (Florian Frowein, r.) ist bereit für das große Poloturnier.

Werner Saalfeld (Dirk Galuba) leidet unter dem Verlust seines Lebenswerks.

ıda Baumgartner (Julia Grimpe, l.) und André (Joachim Lätsch, r.)

Die Sonnbichlers (Antje Hagen, r. und Sepp Schauer, l.)

Cheeseburger
mit flambierten Äpfeln

Für 4 Personen
Zubereitung: 45 Min.
Ruhen: 45 Min.

ZUTATEN:

600 g	Rinderhackfleisch
8	große Blätter Lollo-bionda-Salat
1	großer oder 2 kleine Äpfel (z. B. Elstar)
4 EL	Butter
1 EL	Puderzucker
4	Burgerbuns (Fertigprodukt)
4	Scheiben Käse
1 EL	Sonnenblumenöl zum Braten
2 TL	(Dijon-)Senf
4 EL	Mayonnaise
5 EL	Calvados (franz. Apfelbranntwein)
6 EL	Röstzwiebeln (Fertigprodukt)

1. Aus dem Hackfleisch 4 Pattys formen – dafür die (am besten vorher abgewogenen) Portionen jeweils einzeln in einen 10 cm großen Dessertring pressen. Fertige Pattys auf einen Teller legen, salzen, pfeffern, mit Frischhaltefolie abdecken und für ca. 45 Min. in den Kühlschrank stellen.

2. Inzwischen den Salat waschen und gut trocken tupfen. Die Äpfel waschen, das Kerngehäuse mit einem Apfelausstecher entfernen, dann die Äpfel quer in 8 ca. 5 mm dicke Ringe schneiden, dabei den oberen und unteren Teil mit viel Schale entfernen. 1 EL Butter in einer Pfanne schmelzen lassen, Puderzucker darüberstreuen und kurz karamellisieren lassen. Die Äpfel einlegen, einmal wenden und 1–2 Min. darin bei kleiner Hitze garen. Dabei vorsichtig wenden und aufpassen, dass sie nicht zerbrechen oder zu weich werden. Dann die Pfanne vom Herd nehmen.

3. Die Pattys aus dem Kühlschrank nehmen und auf einer Seite mit dem Daumen eine kleine Vertiefung eindrücken – das verhindert, dass sich das Fleisch beim Braten aufwölbt. Die Brötchen halbieren. Die übrigen 3 EL Butter in einer beschichteten Pfanne schmelzen lassen, die Buns mit der Schnittfläche nach unten einlegen und bei mittlerer Hitze in 1–2 Min. goldgelb rösten, dann herausnehmen.

4. Eine Grillpfanne dünn mit Sonnenblumenöl auspinseln und richtig heiß werden lassen. Die Pattys darin bei großer Hitze 2–4 Min. braten. Wenden, den Käse auflegen und ihn unter einem gewölbten Glasdeckel in weiteren 2–3 Min. schmelzen lassen, falls nötig vom Herd nehmen und unter dem Glasdeckel warm halten.

5. Inzwischen die unteren Bunhälften dünn mit Senf bestreichen und je 1 Salatblatt auflegen, die oberen mit Mayonnaise bestreichen. Den Calvados über die Äpfel träufeln und vorsichtig mit einem Streichholz entzünden. Sobald die Flamme erloschen ist, die Pattys samt Käse auf die Buns legen, darauf je 2 Apfelringe geben. Mit Röstzwiebeln bestreuen und je 1 Salatblatt auflegen. Die obere Bunhälften auflegen, etwas festdrücken und die Burger sofort servieren.

STAFFEL

17

Maja & Florian

Ihren ersten, recht dramatischen Auftritt hat Maja in dieser Staffel bereits im Hochzeitskleid. Allerdings völlig in Tränen aufgelöst. Sie hat ihren Verlobten Frederik ausgerechnet am Tag der Hochzeit mit ihrer Trauzeugin und besten Freundin Shirin erwischt! Kein Wunder, dass sie von Männern erst mal genug hat! So schätzt sie zunächst auch ihren späteren Traummann Florian ein, dem sie tags darauf im Wald begegnet, als er gerade ein Reh ins Visier zu nehmen scheint.

Florian ist Förster und ein echter Naturbursche, der Tiere fast mehr liebt als Menschen. Bis auf seinen älteren Bruder Erik, der ihm als Kind das Leben rettete. Das verbindet sie auf besondere Weise, genau wie die Magic Chinese Noodles: fertig gekaufte, gebratene Nudeln in der Pappbox mit ordentlich Ketchup, die Erik scherzhaft als »Delikatesse ihrer Kindheit« tituliert.

Sein sensibles Wesen kann Florian bei Maja erst nach und nach unter Beweis stellen. Als er hilft, das verletzte Kaninchen Napoleon aufzupäppeln, regen sich bei ihr erste zarte Gefühle. Beim Picknick am winterlichen See entdeckt sie den Romantiker in ihm: Auf dem mit unzähligen Lichtern dekorierten Bootssteg lockt ein Picknickkorb mit wärmendem Apfeltee, Falafel-Wraps, Sandwichs und Linsensalat. Maja ist überwältigt und sie gestehen sich bei frostigen Temperaturen ihre gegenseitige Liebe. Auch mit Freundin Shirin, die ihr mit schlechtem Gewissen an den Fürstenhof gefolgt ist, versöhnt sich Maja wieder. Dieser macht ausgerechnet der als Frauenheld bekannte Fitnesstrainer Max den Hof. Außer einem heißen Abend der besonderen Art mit höllisch scharfem Hähnchenragout ergibt sich allerdings nichts zwischen den beiden.

Beim großen Kochwettbewerb, der am Fürstenhof ausgetragen wird, erringt Hildegard den Goldenen Schneebesen. Gegen die Sternekreationen ihrer Konkurrenz setzt sie sich ausgerechnet mit einem Schweinebraten durch. Ein schlichtes Gericht, aber perfekt und mit Liebe gemacht. Noch bevor die Entscheidung der Jury feststeht, überreicht Alfons seiner Gattin einen goldenen Miniatur-Schneebesen, als Zeichen seiner Liebe und »weil sie den schon lange verdient hat«.

Magic Chinese Noodles

Für 4 Personen
Marinieren: 1 Std.
Zubereitung: 20 Min.

ZUTATEN:

350 g	Hähnchenbrustfilet
350 g	Mie-Nudeln
5 EL	Sojasauce
2 TL	Speisestärke
1	große rote Paprika
100 g	Zuckerschoten
150 g	Mungbohnen-sprossen
1	kleine Dose Ananas in Stücken (ca. 235 g Füllgewicht)
100 ml	Hühnerbrühe
4 EL	Weißweinessig
2 TL	Zucker
5 EL	Tomatenketchup
	Pflanzenöl zum Braten

1. Das Hähnchenfleisch klein schnetzeln und erst mit 1 EL Sojasauce, dann gründlich mit 1 TL Stärke mischen. Zudeckt ca. 1 Std. kühl stellen.

2. Inzwischen die Nudeln nach Packungsanweisung zubereiten, abgießen und abtropfen lassen. Die Paprika halbieren, putzen, waschen und in schmale Streifen schneiden. Die Zuckerschoten waschen, putzen und schräg halbieren. Die Sprossen in einem Sieb abbrausen und abtropfen lassen. Die Ananas in ein Sieb abgießen, den Saft auffangen.

3. Den Ananassaft erst mit dem übrigen TL Stärke, dann mit der Brühe glatt rühren. Essig, Zucker und Ketchup mischen. In einem Wok ausreichend Öl erhitzen, das Fleisch rundum leicht braun braten, dann herausnehmen. Paprika und Zuckerschoten in den Wok geben und unter Rühren ca. 2 Min. braten, mit übriger Sojasauce ablöschen. Den Ananassaft zugeben und alles aufkochen lassen. Die Ketchup-Mischung unterrühren und bei kleiner Hitze 5–7 Min. köcheln lassen. Dann Fleisch und Sprossen unterrühren, die Nudeln zugeben und alles unter Rühren 1–2 Min. bei mittlerer Hitze weitergaren.

Falafel-Wraps

1. Die Kichererbsen über Nacht in reichlich kaltem Wasser einweichen. Am nächsten Tag in ein Sieb abgießen, kalt abbrausen und abtropfen lassen. Zwiebel und Knoblauch schälen und würfeln. Die Kräuter waschen, trocken schütteln und samt Stängeln grob zerschneiden. Alles mit Zitronensaft im Mixer nicht zu fein zerkleinern (es sollte eine krümelige Masse entstehen, die sich gerade eben verbindet, wenn man sie mit den Fingern zusammendrückt). Backpulver, 3–4 EL Mehl, Kreuzkümmel, Chilipulver untermischen und 2–3 EL Wasser untermengen, sodass eine gut zusammenhaftende, nicht zu feuchte Masse entsteht. Diese salzen, pfeffern und 1 Std. zugedeckt im Kühlschrank ziehen lassen.

2. Inzwischen Joghurt mit Olivenöl und Ahornsirup glatt rühren, mit Kreuzkümmel, Salz und Pfeffer würzen. Den Koriander waschen und trocken schütteln, die Blättchen abzupfen, fein schneiden und unterrühren. Tomaten und Gurke waschen. Die Tomaten putzen und in Würfel schneiden, die Gurke putzen, längs vierteln und in Stücke schneiden. Die Radieschen waschen, putzen und in Spalten schneiden. Den Rucola waschen und trocken schleudern, grobe Stiele entfernen und größere Blätter etwas kleiner zupfen.

3. Mit angefeuchteten Händen aus der Kichererbsenmasse 16 walnussgroße Bällchen formen und gut zusammenpressen. Das Öl in einem Topf oder einer Fritteuse erhitzen – es ist heiß genug, wenn an einem hölzernen Kochlöffelstiel, den man hineinhält, sprudelnd Bläschen aufsteigen. Die Falafeln portionsweise im heißen Fett in 4–5 Min. knusprig braun frittieren. Herausheben und auf Küchenpapier abtropfen lassen.

4. Die Tortillas erst mit etwas Rucola, dann bunt gemischt mit Gurke, Tomate und Radieschen belegen. Etwas Joghurtdip darüberträufeln, dann je 2 Falafeln darauf verteilen und die Fladen aufrollen.

Für 8 Stück
Zubereitung: 1 Std. 10 Min.
Quellen: 12 Std.
Ruhen: 1 Std.

ZUTATEN:

Für die Falafeln:

- 300 g getrocknete Kichererbsen
- 1 große Zwiebel
- 1 Knoblauchzehe
- etwas Koriandergrün
- 6 Stängel Petersilie
- 2 TL Zitronensaft
- 2 TL Backpulver
- 4 EL Weizenmehl (Type 405 oder 550)
- 1 TL gemahlener Kreuzkümmel
- ¼ TL Chilipulver
- Salz | Pfeffer
- Öl zum Frittieren

Für die Wraps:

- 300 g griechischer Joghurt (10 % Fett)
- 2 EL Olivenöl
- 1 TL Ahornsirup
- 1 TL gemahlener Kreuzkümmel
- Salz | Pfeffer
- etwas Koriandergrün
- 2 (Eier-)Tomaten
- 1 Mini-Salatgurke
- 1 Bund Rucola
- 1 Bund Radieschen
- 8 Tortilla (Weizenfladen)

Picknicksandwichs & Linsensalat

1. Für den Salat die Linsen in kochendem Salzwasser 8–10 Min. bei mittlerer Hitze garen – sie sollten noch etwas Biss haben. In ein Sieb geben, kalt abbrausen und abtropfen lassen. 4 EL Zitronensaft, Kreuzkümmel, Salz, Pfeffer und 2 Prisen Zucker verrühren und mit den Linsen in einer Schüssel mischen. Diese ca. 15 Min. ziehen lassen.

2. Inzwischen die Gurke waschen, putzen, längs vierteln und die Viertel in kleine Stücke schneiden. Die Radieschen waschen, putzen und jeweils sechsteln oder achteln. Die Kräuter waschen und trocken schütteln, die Blättchen abzupfen und grob schneiden. Alles mit dem Öl unter die Linsen mischen und noch mal 30 Min. zugedeckt durchziehen lassen. Anschließend den Salat mit Salz, Pfeffer und Zitronensaft abschmecken.

3. Für die Sandwichs die Walnüsse in einer Pfanne ohne Fett rösten, bis sie duften. Herausnehmen und abkühlen lassen, anschließend grob hacken. Die Rote Bete klein schneiden. Den Feta trocken tupfen und grob schneiden. Den Knoblauch schälen und würfeln. Alles fein pürieren, dabei 2–3 EL Olivenöl zugeben. Die Creme kräftig mit Kreuzkümmel, Salz, Pfeffer, Zitronensaft und etwas Honig abschmecken.

4. Den Dill waschen und trocken schütteln, fein hacken und unterrühren. Die Sandwichbrote leicht toasten und abkühlen lassen. 4 Scheiben dick mit der Creme bestreichen, die übrigen Brotscheiben darauflegen, leicht festdrücken und diagonal halbieren.

Für ein Picknick den Salat in kleine Bügelgläser füllen und die Sandwichs in Frischhaltefolie packen. So kommt alles sicher und unbeschadet ans Ziel.

Für 4 Personen
Zubereitung: 1 Std. 20 Min.

ZUTATEN:

Für den Salat:

- 180 g rote Linsen
- 5 EL Zitronensaft
- ¾ TL gemahlener Kreuzkümmel
- Salz | Pfeffer
- Zucker
- 1 Mini-Salatgurke
- 1 Bund Radieschen
- 8 Stängel Petersilie
- 5 Stängel Minze
- 4 EL Olivenöl

Für die Sandwichs:

- 30 g Walnusskerne
- 250 g gegarte Rote Bete (vakuumverpackt)
- 100 g Feta
- 1 kleine Knoblauchzehe
- 3 EL Olivenöl
- 4 Stängel Dill
- ½ TL gemahlener Kreuzkümmel
- Salz | Pfeffer
- 2 Spritzer Zitronensaft
- Honig (oder Zucker)
- 8 Scheiben Vollkorn-Sandwichbrot oder -toast

Maja von Thalheim (Christina Arends, l.) und Florian Vogt (Arne Löber, r.)

In der Aufregung um den »Goldenen Schneebesen« freut sich Hildegard (Antje Hagen, r.) über Alfons' (Sepp Schauer, l.) Überraschung.

Max Richter (Stefan Hartmann, hinten) und Vanessa Sonnbichle (Jeannine Gaspár, vorne)

Bei ihm ist es Liebe auf den ersten Blick: Gerry Richter (Johannes Huth, r.) trifft Shirin Ceylan (Merve Çakır, l.).

Bruderherzen: Florian (Arne Löber, l.) und Erik (Sven Waasner r.) Vogt

Maja (Christina Arends, l.) und ihre Freundin Shirin (Merve Çakır, r.)

Shirins Hähnchen-Kichererbsen-Topf

Für 4 Personen
Zubereitung: 25 Min.
Garen: 30 Min.

ZUTATEN:

500 g	Hähnchenbrustfilet
2	Zwiebeln
2	Knoblauchzehen
2	rote Spitzpaprika
2	Dosen Kichererbsen (à 400 g Füllgewicht)
	Olivenöl zum Braten
	Salz | Pfeffer
1½ EL	Tomatenmark
2 EL	Paprikamark
250 g	stückige Tomaten (aus der Dose)
200 ml	Hühnerbrühe
½ TL	gemahlener Kreuzkümmel
¼–½ TL	Pul Biber (türkische Paprikaflocken; ersatzweise Chilipulver)

1. Das Fleisch trocken tupfen und in ca. 2 cm große Stücke schneiden. Zwiebeln und Knoblauch schälen und getrennt klein würfeln. Die Paprika halbieren, putzen, waschen und in ca. 1 cm große Stücke schneiden. Die Kichererbsen in ein Sieb abgießen, kalt abbrausen und abtropfen lassen.

2. Reichlich Öl in einem Bräter erhitzen, darin die Zwiebeln bei mittlerer Hitze goldgelb dünsten, gegen Ende Knoblauch und Paprikastücke zugeben. Die Hitze erhöhen, das Hähnchenfleisch zugeben, salzen, pfeffern und unter Rühren anbraten. Tomaten- und Paprikamark einrühren und kurz mitrösten, dann die stückigen Tomaten unterrühren und ca. 2 Min. mitbraten. Alles mit Brühe ablöschen.

3. Die Kichererbsen zugeben, alles mit Salz, Pfeffer und Kreuzkümmel würzen und zugedeckt bei kleiner bis mittlerer Hitze 25–30 Min. köcheln lassen. Ca. 10 Min. vor Ende der Garzeit den Topfdeckel abnehmen. Zum Schluss alles noch mal mit Salz, Pfeffer und Pul Biber abschmecken. Den Eintopf mit Fladenbrot oder Reis servieren.

Rache ist scharf

»Ich hab' da, glaub' ich, ein bisschen was Scharfes erwischt …«, japst Max schon beim ersten Bissen. Kein Wunder, hat Shirin doch über seine Portion vorher noch ordentlich Chili gestreut. Der Griff zum Wasserglas macht alles nur noch schlimmer, denn das sollte jeder wissen: Trinken verteilt Chilischärfe nur noch mehr im Mund, es brennt wie Hölle. Wesentlich besser hilft ein Schluck Milch, deren Fett die scharfen Aromastoffe bindet. Die ist aber bei Shirin leider aus, wie sie schadenfroh bedauert … So wird das Dinner für Max ganz anders als erwartet zum wahrhaft unvergesslich heißen Abend. Für's Date zu Hause das Gericht also besser nach persönlicher Schärfevorliebe mehr oder weniger »hot« abschmecken; anstelle des in türkischen Geschäften erhältlichen Pul Bibers können auch Chilipulver oder Chiliflocken verwendet werden.

Hildegards Schweinebraten
mit Biersauce

Für 4 Personen
Zubereitung: 35 Min.
Garen: 3 Std. 10 Min.

ZUTATEN:

500 g	Schweineknochen (vom Metzger kleiner hacken lassen)
2	Knoblauchzehen
1 TL	Kümmelsamen
1,2 kg	Schweinebraten (mit Schwarte aus der Schulter)
	Salz | Pfeffer
1	Möhre
50 g	Knollensellerie
2	Zwiebeln
5	Stängel Petersilie
	Sonnenblumenöl zum Braten
1 EL	Tomatenmark
250 ml	dunkles Bier (oder Starkbier)
800 ml	Rinderbrühe (oder Fond aus dem Glas)

1. Den Backofen auf 220° vorheizen. Die Knochen kalt abspülen und trocken tupfen, dann flach auf einem Blech verteilen. Im heißen Ofen (Mitte) ca. 45 Min. braun rösten, dabei zwischendurch wenden.

2. Den Knoblauch schälen und fein hacken, den Kümmel grob hacken. Beides mit etwas Salz und Pfeffer mischen. Den Braten auf der Fleischseite damit einreiben. Möhre und Sellerie schälen und grob schneiden, Zwiebeln schälen und würfeln. Petersilie waschen und trocken schütteln.

3. Die Knochen aus dem Ofen nehmen, die Temperatur auf 130° reduzieren. Ausreichend Öl in einem Bräter erhitzen und den Braten – bis auf die Schwarte – rundum anbraten und herausnehmen. Etwas Öl in den Bräter nachgießen, erhitzen und die Zwiebeln goldgelb andünsten. Sellerie und Möhre kurz mitbraten. Das Tomatenmark kurz mitrösten, mit einem Schuss Bier ablöschen. Unter Rühren bei großer Hitze verkochen lassen, dann übriges Bier und Brühe zugießen. Den Braten mit der Schwarte nach unten in die Brühe einlegen, die Knochen ringsum verteilen. Im heißen Ofen (unten)nca. 1 Std. garen.

4. Den Braten herausnehmen und die Schwarte mit einem scharfen Messer rautenförmig einschneiden. Den Braten mit der Schwarte nach oben in den Bräter legen, die Knochen durchrühren und Petersilie zugeben. Die Temperatur auf 160° erhöhen und den Braten weitere 1 Std. 45 Min.–2 Std. garen, bis das Fleisch weich ist. Dabei zwei- bis dreimal wenden und nach und nach 200 ml Wasser nachgießen.

5. Braten aus dem Ofen nehmen und in Alufolie einschlagen, sodass nur die Schwarte frei bleibt. Grillfunktion zuschalten, den Braten mit der Schwarte nach oben auf ein Rost legen und in 5–10 Min. knusprig grillen.

6. Inzwischen die Knochen aus dem Bräter nehmen. Den Sud durch ein Sieb gießen und einmal kräftig aufkochen lassen. Sollte sie zu dünn sein, die Sauce leicht einkochen lassen. Den Bräter herausnehmen und den Braten kurz ruhen lassen. Dann mit der Sauce servieren.

STAFFEL

18

Josie & Paul

Ihre ganz große Liebe ist das Kochen. Deshalb geht für Josie ein Traum in Erfüllung, als ihr großes Idol André Konopka ihr einen Ausbildungsplatz in der Küche des «Fürstenhofs» anbietet. Dass sie als überzeugte Vegetarierin dabei auch Fleisch und Fisch zubereiten muss – nun, damit musste sie rechnen. Allerdings überzeugt sie lieber mit köstlichen Gemüsevariationen, wie etwa ihrem Kohlrabischnitzel, das sie beim Probeessen für ihren neuen Job präsentiert.

Trotz ihrer Begabung und viel Zuspruch mangelt es Josie jedoch oft an Selbstvertrauen. Zum Glück ermutigt sie Köchin Tina, die André in der Küche vertritt: Sie gibt ihr Rückendeckung, als sie für Werner Saalfeld anstelle seines üblichen Wiener Schnitzels ein richtig gut gewürztes veganes Schnitzel aus Seitan brät. Josie bibbert und befürchtet allergrößten Ärger, doch Werner lässt in der Küche ausrichten, »so gut hätte ihm sein Schnitzel noch nie geschmeckt!«.

Auch gegenüber Paul, in den sie sich spontan beim ersten Blick durch die von ihr verlorene und von ihm gefundene Brille verliebt, ist sie zunächst unsicher. Sie backt und schenkt ihm mit Hingabe Kuchen und Gemüsequiche, traut sich aber beides selbst kaum zu essen. Sie fühlt sich nicht schlank und attraktiv genug und befürchtet, dass sie Pauls vermeintlichem Schönheitsideal nicht entsprechen kann.

Bevor Paul Josies innere Werte und ihr besonderes Wesen kennen- und lieben lernt, dauert es. Doch seine Großmutter verrät Josie nicht nur ein paar gut gehütete Geheimrezepte, sondern auch einiges über den Enkel, der mitnichten immer so selbstbewusst, diszipliniert und zielstrebig war. Beflügelt durch die Geständnisse der Oma komponiert die verliebte Josie Marillenpralinen in drei Variationen. So gekonnt, dass André sich sogar entschließt, sie in sein Kochbuch mit aufzunehmen – welche Ehre!

Glorious Alfons 45

Für 1 Longdrinkglas (mind. 30 cl Fassungsvermögen)
Zubereitung: 10 Min.

ZUTATEN:

6 cl	Tequila
10 cl	Orangensaft
1 cl	frisch gepresster Limettensaft
2 cl	frisch gepresster Grapefruitsaft
2 cl	Grenadinesirup
	Eiswürfel
1	Orangenscheibe, Grenadinesirup und Zucker für die Verzierung

1. Etwas Grenadine in ein Schälchen geben, etwas Zucker in eine Untertasse. Das Glas mit dem Rand kopfüber in die Grenadine stülpen, sodass der Rand benetzt ist, dann vorsichtig in den Zucker setzen.

2. Alle Zutaten bis auf den Sirup mit 5 Eiswürfeln in einen Shaker geben und 15–20 Sek. kräftig shaken. Den Drink ins Glas gießen. Dann den Sirup langsam mittig über einen Teelöffelrücken in den Drink laufen lassen, damit er sich als zweite Schicht absetzt. Die Orangenscheibe vom Rand zur Mitte einschneiden und als Deko ans Glas stecken.

Ein Hoch auf Alfons!

Eine besondere Ehrung erfährt auch Alfons. Zu seinem 45-jährigen Dienstjubiläum als Portier gibt es nicht nur eine Feier mit vielen Geschenken und dem einen oder anderen Ständchen. Rosalie erfindet sogar eigens einen Cocktail, den Glorious Alfons 45, der auf der Feier gereicht wird. Die Zutaten dazu gibt's mit Rezept zum Feiern daheim!

Kunterbunte Gemüsequiche

Für 1 Springform (26 cm Ø)
Zubereitung: 40 Min.
Backen: 45 Min.

ZUTATEN:

250 g	Weizenmehl (Type 405 oder 550)
	Salz
150 g	kalte Butter
5	Eier (Größe M)
1	Stange Lauch
3	Stangen Staudensellerie
400 g	Möhren
200 g	Pastinaken
5	Zweige Thymian
3 EL	Olivenöl
	Salz | Pfeffer
1 TL	Gemüsebrühpulver
150 g	kräftiger Bergkäse
200 g	Sahne
50 g	saure Sahne
	frisch geriebene Muskatnuss
	Butter für die Form
	Mehl zum Arbeiten

1. Das Mehl mit ½ TL Salz in einer Backschüssel mischen. Die Butter in Flöckchen schneiden und dazugeben. Alles mit den Händen zerreiben, bis eine krümelige Masse entstanden ist. 1 Ei und 4–6 EL kaltes Wasser zugeben und alles zügig, ohne viel Druck, zu einem geschmeidigen Teig zusammenkneten. Zur Kugel rollen, in eine verschließbare Plastikbox geben und ca. 30 Min. in den Kühlschrank stellen.

2. Inzwischen den Lauch putzen, waschen und in ca. 5 mm dicke Ringe schneiden. Den Staudensellerie waschen, putzen und in ca. 4 mm dicke Stücke schneiden. Die Möhren schälen, putzen und in ca. 3 mm dicke Scheiben schneiden, die Pastinaken schälen, putzen und in ca. 5 mm dicke Scheiben, diese je nach Größe in kleinere Stücke schneiden. Den Thymian waschen und trocken schütteln, die Blättchen abzupfen und mit einem Messer fein hacken.

3. Das Öl in einer beschichteten Pfanne erhitzen, das Gemüse bei mittlerer bis großer Hitze anbraten, salzen und pfeffern. Thymian, Brühpulver und 5 EL Wasser unterrühren und alles 5–6 Min. bei mittlerer Hitze unter gelegentlichem Rühren weiterbraten. Vom Herd nehmen und abkühlen lassen. Inzwischen den Käse fein reiben. Die übrigen 4 Eier mit Sahne und saurer Sahne verrühren, dann die Masse kräftig mit Salz, Pfeffer und Muskatnuss würzen.

4. Den Backofen auf 200° vorheizen, die Form mit Butter ausfetten. Den Teig auf einer leicht bemehlten Arbeitsfläche rund ausrollen und in die Form legen, dabei einen Rand formen. Den Teigboden mehrmals mit einer Gabel einstechen. Das Gemüse mit zwei Drittel Käse mischen und darauf verteilen. Den übrigen Käse aufstreuen, den Guss darübergießen. Die Quiche im heißen Ofen (Mitte) in ca. 45 Min. goldbraun backen. Herausnehmen und vor dem Anschneiden kurz abkühlen lassen.

Gerrys Knusperfischstäbchen

Für 4 Personen
Zubereitung: 25 Min.

ZUTATEN:

50 g Kartoffelchips (Paprika- oder Chiligeschmack)
50 g Semmelbrösel
500 g grätenfreie Kabeljaurückenfilets (Loins)
2 Eier (Größe M)
100 g Weizenmehl
Salz | Pfeffer
Pflanzenöl zum Braten (oder Butterschmalz)

1. Die Chips im Blitzhacker fein zerbröseln (alternativ in einen Gefrierbeutel geben und mit dem Teigroller fein zerbröseln). Anschließend mit den Semmelbröseln in einem tiefen Teller mischen. Die Kabeljaufilets kalt abspülen, gründlich trocken tupfen und quer in 2 cm dicke Stücke schneiden. Die Eier in einem tiefen Teller verquirlen, leicht salzen und pfeffern. Das Mehl ebenfalls in einen tiefen Teller geben.

2. So viel Öl in einer Pfanne erhitzen, dass ihr Boden bedeckt ist. Die Kabeljaustücke im Mehl wenden und überschüssiges Mehl abklopfen, dann durch das Ei ziehen und leicht abtropfen lassen, danach in der Bröselmischung wenden, dabei die Brösel gut andrücken. Im heißen Öl bei mittlerer Hitze 8–10 Min. braten, dabei mehrmals wenden.

Die kann nur einer

Gerry ist einfach etwas anders als andere und vielleicht gerade deshalb unendlich liebenswert. Trotzdem hat er bei Shirin zunächst keine Chance und darum richtig Liebeskummer. Dagegen hilft nur eins, wie Bruder Max weiß: Fischstäbchen, die - und auch das weiß Max - nur Gerry so unendlich knusprig und lecker braten kann. Gemeinsam machen sie sich auf an den Herd und Shirin und der ganze Kummer sind zunächst einmal gegessen.

Josie Klee (Lena Conzendorf, r.) und Paul Lindbergh (Sandro Kirtzel, l.)

Henning (Matthias Zera, 3 v. l.) und Constanze (Sophia Schiller, l.) von Thalheim, Paul (Sandro Kirtzel, 2 v. l.), Erik (Sven Waasner, 3 v. r.), Shirin (Merve Çakır , 2 v. r.) und Josie (Lena Conzendorf, r.)

Jahre im Dienst des Fürstenhofes: Alfons (Sepp Schauer, vorne l.) wird von Hildegard ntje Hagen, vorne r.), Werner (Dirk Galuba, hinten l.), Vanessa (Jeannine Gaspár, nten M.) und Max (Stefan Hartmann, hinten r.) gebührend gefeiert.

Ariane Kalenberg (Viola Wedekind) muss sich vor Gericht verantworten.

ldegard (Antje Hagen, l.) ist gespannt, als Alfons (Sepp Schauer, r.) die sserts von Josie (Lena Conzendorf, 2 v. r.) und André achim Lätsch, 2 v. l.) verkostet.

Zwei die sich verstehen:
Erik (Sven Waasner, l.) und Gerry (Johannes Huth, r.)

Seitan-Schnitzel

Für 4 Personen
Zubereitung: 40 Min.
Dämpfen: 30 Min.
Ruhen: 40 Min.

ZUTATEN:

Für das Schnitzel:

1	Zwiebel
2	Knoblauchzehen
	Pflanzenöl zum Braten
1/3 TL	getrockneter Majoran
2 TL	Dijonsenf
2 TL	Hefeflocken
2 EL	Misopaste (Sojabohnenpaste)
½ TL	Pimentón de la vera (span. geräuchertes Paprikapulver)
	Rauchsalz
	Pfeffer
150 g	Seitan-Fix
4 EL	Kichererbsenmehl

Für die Panade:

3 TL	veganer Ei-Ersatz
150 ml	Mineralwasser
75 ml	Mandelcuisine
	Salz | Pfeffer
100 g	Weizenmehl (Type 405)
200 g	Panko (asiat. Semmelbrösel)
1	Zitrone

Außerdem:

Dämpfeinsatz

1. Die Zwiebel und den Knoblauch schälen und getrennt klein würfeln. 2 EL Pflanzenöl in einem beschichteten Pfännchen erhitzen, die Zwiebeln in 10–15 Min. langsam bei kleiner bis mittlerer Hitze goldgelb dünsten, dabei nach etwa der Hälfte der Garzeit den Knoblauch unterrühren. Kurz vor Garzeitende die getrockneten Kräuter unterrühren.

2. Die Zwiebeln mit Senf, Hefeflocken, Misopaste, Paprikapulver und 50 ml Wasser fein pürieren, weitere 125 ml Wasser unterrühren. Alles kräftig mit Rauchsalz und Pfeffer abschmecken, anschließend Seitan-Fix und Kichererbsenmehl zugeben und alles zuerst mit einem Löffel verrühren, dann mit den Händen 2–3 Min. kräftig durchkneten, sodass ein homogener, nicht zu feuchter Teig entsteht. Diesen zur Kugel rollen und ca. 10 Min. ruhen lassen, dann vierteln.

3. Die Teigstücke jeweils zu 3–4 mm dicken, länglichen Fladen formen; dazu diese am besten auf Backpapier flach mit den Fingern ausdrücken und evtl. mit dem Teigroller dünner rollen. Wasser in einen Topf oder eine Pfanne geben und einen Dämpfeinsatz einstellen. Einen Fladen auf den Einsatz legen, die anderen darüber, dabei immer ein Stück Backpapier zwischen die einzelnen Fladen legen. Die Schnitzel zugedeckt bei mittlerer Hitze ca. 30 Min. dämpfen, dann auf Küchenpapier auslegen, trockentupfen und noch ca. 30 Min. ruhen lassen.

4. Für die Panade den Ei-Ersatz erst mit Mineralwasser, dann mit Mandelcuisine in einem tiefen Teller verrühren. Salzen, pfeffern und noch 5–10 Min. quellen lassen. Das Mehl und die Pankobrösel auf zwei Teller geben. Die Zitrone vierteln.

5. Reichlich Pflanzenöl in zwei beschichteten Pfannen erhitzen. Die Seitan-Schnitzel im Mehl wenden und überschüssiges Mehl abklopfen, dann durch den Ei-Ersatz ziehen und leicht abtropfen lassen, danach in den Bröseln wenden, dabei die Brösel gut andrücken. Die Schnitzel im heißen Öl bei mittlerer Hitze beidseitig goldbraun backen. Dann sofort mit den Zitronenvierteln zum Beträufeln servieren.

Marillen-Schoko-Trüffel

Für ca. 35 Stück
Zubereitung: 1 Std.
Trocknen: 2 Std.

ZUTATEN:

200 g getrocknete (Soft-) Aprikosen
4 EL Orangenlikör (z. B. Cointreau, ersatzweise frisch gepresster Orangensaft)
½ Vanilleschote
abgeriebene Schale von ½ Bio-Orange
80 g Marzipanrohmasse
50 g Puderzucker
30 g Kokosraspel
2 Prisen Zimtpulver, gemahlene Nelken oder gemahlener Anis (nach Belieben)
400 g weiße oder Zartbitterkuvertüre
gehackte Pistazien, Glitzerpuder oder -zucker zum Bestreuen (nach Belieben)

1. Die Aprikosen klein würfeln und mit dem Orangenlikör mischen und kurz ziehen lassen. Dann mit dem Blitzhacker oder dem Pürierstab fein zerkleinern. Dabei die Messer des Geräts immer wieder kurz säubern, da die Aprikosen stark zusammenkleben.

2. Die Vanilleschote längs aufschneiden und das Mark herauskratzen. Die Aprikosenmasse in eine Schüssel geben und mit Orangenschale, Marzipanrohmasse, Puderzucker, Kokosraspeln, Vanillemark und nach persönlicher Vorliebe einem der drei Gewürze gut vermengen. Aus der Masse ca. 35 kleine Kugeln formen, auf ein mit Backpapier ausgelegtes Blech legen und ca. 2 Std. leicht antrocknen lassen.

3. Die Kuvertüre klein hacken und in eine Schlagschüssel geben. Die Schüssel über einen Topf mit Wasser hängen (der Schüsselboden darf das Wasser nicht berühren) und die Kuvertüre unter gelegentlichem Rühren bei möglichst kleiner Hitze schmelzen – dabei die Kuvertüre nicht zu heiß werden lassen. Anschließend die Kugeln darin wenden, überschüssige Kuvertüre abtropfen lassen und die Kugeln auf das Backpapier legen. Nach Belieben mit Pistazien, Glitzerpuder oder -zucker bestreuen und trocknen lassen.

Extrem lobenswert

Ginge es nach André, sollte Josie sich weiter auf ihre Safran-Grieß-Törtchen mit Marillenchutney für sein geplantes Kochbuch konzentrieren. Stattdessen rollt sie mit Pauls Oma Pralinen. Aber was für welche! Gleich in drei unterschiedlichen Gewürzvarianten überzeugen sie sogar den ansonsten recht kritischen Chefkoch. »Es war eine gute Entscheidung von mir, Ihnen eine zweite Chance als Auszubildende zu geben«, meint er, und dann sogar: »Aus Ihnen wird ganz bestimmt mit der Zeit eine sehr gute Köchin.«

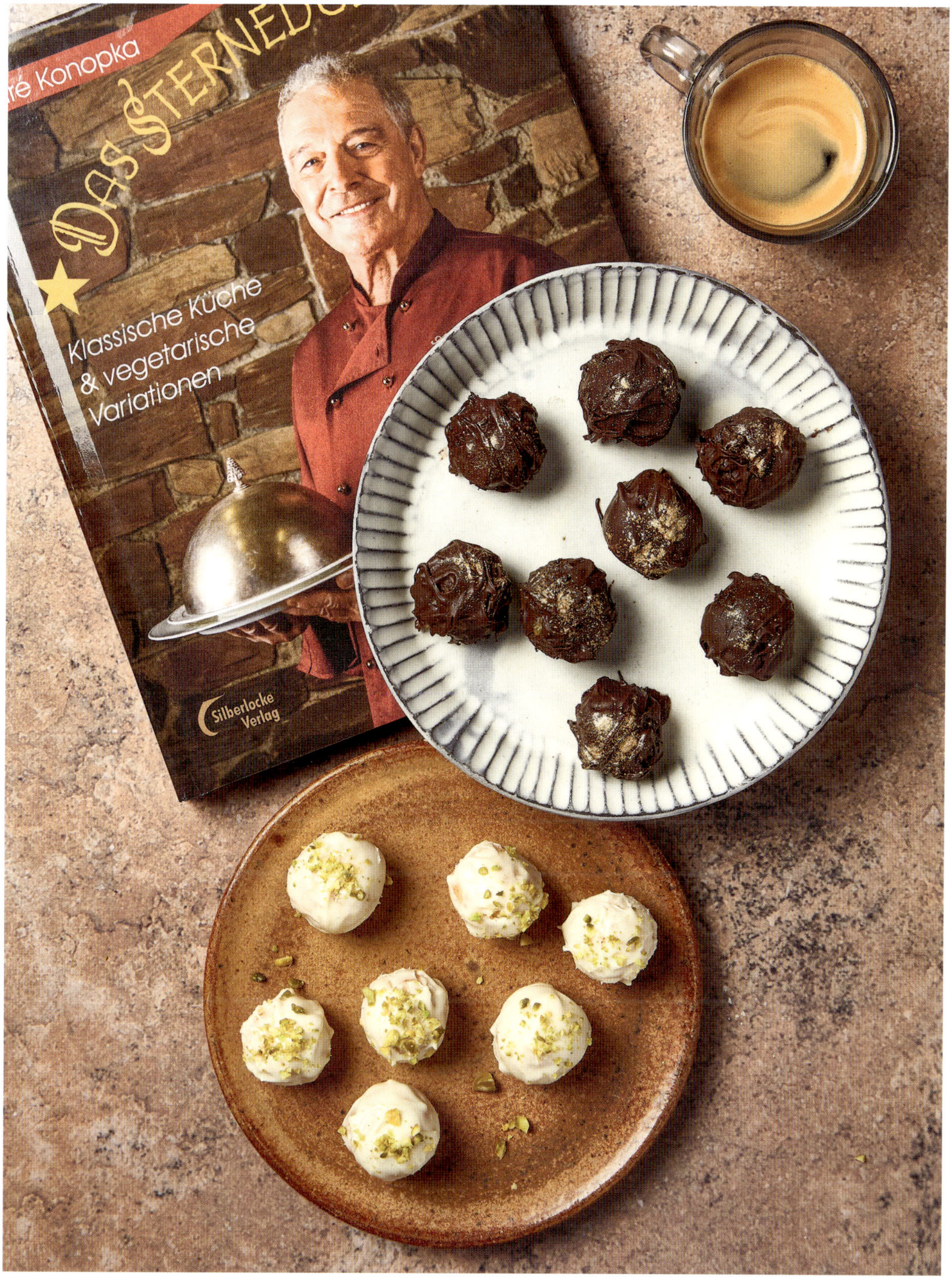
ré Konopka
Das Sternedu
Klassische Küche
& vegetarische
Variationen
Silberlocke
Verlag

REGISTER

Über die Produktionsfirma von *Sturm der Liebe*

Produziert wird *Sturm der Liebe* von Bavaria Fiction, eine der erfolgreichsten Produktionsfirmen Europas. Die Tochterfirma von Bavaria Film und ZDF Studios steht unter der Geschäftsführung von Marcus Ammon und Jan S. Kaiser. Mit rund 16 000 Sendeminuten und Sendungen wie *Sturm der Liebe*, *Die Rosenheim-Cops*, *SOKO Stuttgart* und *Inga Lindström* erreicht Bavaria Fiction jede Woche Millionen von Zuschauerinnen und Zuschauern allein in Deutschland.

Neben täglichen und wöchentlichen Serien, Reihen wie den *Tatort*-Formaten und zahlreichen Fernsehfilmen steht Bavaria Fiction für aufwändiges Eventfernsehen wie *Das Geheimnis des Totenwaldes* und *Der Kaiser* sowie für internationale Serien wie *Freud*, *Arctic Circle* und *Das Boot*. Der Bereich Documentaries spezialisiert sich auf non-fiktionale Produktionen für den nationalen und internationalen Markt.

Impressum

Postfach 860366, 81630 München

Gräfe und Unzer ist eine eingetragene Marke der GRÄFE UND UNZER VERLAG GmbH, www.gu.de

ISBN 978-3-8338-8619-5
2. Auflage 2022

Projektleitung: Lisa Seibel
Projektmanagement Rechteinhaber & Lizenzgeber: Annette Hoerster (Bavaria Fiction GmbH), Veronika Kolbeck (Bavaria Fiction GmbH), Ebah Ruweji Neumann (Bavaria Media GmbH)
Text: Tanja Dusy
Redaktionelle Mitarbeit: Anja Kurz
Lektorat: Melanie Haizmann
Korrektorat: Jutta Weikmann
Bildredaktion: Lisa Seibel, Anja Kurz, Natascha Klebl (Cover), Annette Hoerster, Veronika Kolbeck
Umschlaggestaltung und Layout: ki 36 Bettina Stickel Editorial Design, München
Herstellung: Linda Wiederrecht, Renate Hutt
Satz: griesbeckdesign, Dorothee Griesbeck, München
Reproduktion: Medienprinzen GmbH, München
Druck: Firmengruppe APPL, aprinta druck, Wemding
Bindung: Conzella, Pfarrkirchen

Umwelthinweis:
Nachhaltigkeit ist uns sehr wichtig. Der Rohstoff Papier ist in der Buchproduktion hierfür von entscheidender Bedeutung. Daher ist dieses Buch auf PEFC-zertifiziertem Papier gedruckt. PEFC garantiert, dass ökologische, soziale und ökonomische Aspekte in der Verarbeitungskette unabhängig überwacht werden und lückenlos nachvollziehbar sind.

Bildnachweis:
Rezeptfotos: Nicky Walsh
Foodstyling: Max Faber
Serienfotos: © Bavaria Fiction GmbH / verschiedene Fotografen s.u.
Fotografen: Ann Paur: S. 10, 11, 38, 43 (oben u. unten links), 46, 52/53 (alle), 58, 64/65 (alle), 72 (alle), 73 (oben), 75/76, 82/83 (alle), 86, 93 (oben u. Mitte), 102 (oben u. unten rechts), 103 (alle), 121 (Mitte); Arvid Uhlig: S. 42 (Mitte u. unten); Bojan Ritan: S.176; Chris Hirschhäuser: S. 35 (oben); Christof Arnold: S. 7, 8, 9, 98, 102 (unten links), 108, 112/113 (alle), 116, 120 (alle), 121 (oben u. unten rechts), 124, 128 (unten links u. rechts), 129 (alle), 132, 138 (alle), 139 (oben u. Mitte links), 146, 150 (alle), 151 (oben u. unten), 154, 160/161(alle), 164, 170 (alle), 171 (oben u. unten), 182/183 (alle), 190; Jacqueline Krause-Burberg: S. 93 (unten); Jo Bischoff: S. 12, 18/19 (alle), 22, 28/29 (alle), 32, 34 (alle), 35 (unten links u. rechts), 42 (oben), 43 (unten rechts), 68, 73 (unten); Manfred Laemmerer: S. 128 (oben); Marco Meenen: S. 92 (alle); Saskia Pavek: S. 171 (Mitte); Stella Boda: S. 139 (Mitte rechts u. unten rechts); Thomas Neumeier: S. 151 (Mitte)
Illustrationen: Bella Illenberger
Styleguide-Elemente (u.a. Icons, Aquarelle, Borders): form + grund GmbH
Papier-Hintergrund und Illustration Cover: iStockphoto

Syndication: www.seasons.agency

GRÄFE UND UNZER
Ein Unternehmen der
GANSKE VERLAGSGRUPPE

BAVARIA FICTION
Sturm der Liebe 2022